Rhodesiens Zukunft heißt Zimbabwe

Zwischen Kolonialismus und Selbständigkeit

Mit Beiträgen von Ruth Weiss, William Minter,
Hans Detlef Laß †
und Dokumenten

ISSA

© 1977 by Verlag Otto Lembeck Frankfurt am Main
ISBN 3 87476 054 5 (Lembeck)
ISBN 3 921614 35 X (issa)

Herausgegeben von „Dienste in Übersee" / Publizistik
Mittelweg 143, 2000 Hamburg 13
in Verbindung mit
Informationsstelle Südliches Afrika e. V. (issa)
Buschstraße 20, 5300 Bonn, Telefon (02221) 21 32 88

Printed in the Federal Republic of Germany

Gesamtherstellung Druckerei und Verlag Otto Lembeck
Frankfurt am Main und Butzbach

Inhalt

Vorwort 4

William Minter
Zur Geschichte eines Konflikts 5

Hans Detlef Laß †
Die Politik der Bundesrepublik Deutschland im Rhodesienkonflikt . . . 32

Ruth Weiss
Die Genfer Rhodesien-Konferenz 49

Zur Lage der Weißen in Zimbabwe 65

Beziehungen zwischen den Gastländern und den Freiheitsbewegungen
aus Zimbabwe 74

Der Stand 1977 84

Anhang:

1. Aus der Resolution des UN-Sicherheitsrates vom 29. Mai 1968 89
2. Resolution des Zentralausschusses des Ökumenischen Rates der Kirchen, August 1972 92
3. Aus einer Resolution des Zentralausschusses, August 1976 93
4. Ian Smiths Rede vom 24. September 1976 93
5. Abel T. Muzorewa, 28. Oktober 1976 99
6. Joshua Nkomo, 29. Oktober 1976 105
7. Robert Mugabe, 29. Oktober 1976 107
8. Ndabaningi Sithole, 29. Oktober 1976 110
9. ZIPA zur Konferenz in Genf 116
10. Patriotische Front – Struktur der vorgeschlagenen Übergangsregierung von Südrhodesien 123
11. Afrikanischer Nationalrat Zimbabwe – Vorschläge für die Struktur einer Übergangsregierung von Zimbabwe 127

Vorwort

Zur Zukunft von Rhodesien/Zimbabwe gibt es noch offene Fragen. Zweierlei indessen ist nicht zu übersehen und kaum strittig: Es wird in diesem Lande erstens in absehbarer Zeit eine von der schwarzen Bevölkerungsmehrheit gebildete Regierung geben. Und zweitens werden die gesellschaftliche und politische Ordnung, zu der dieses Land nach der endgültigen Überwindung des Kolonialstatus finden wird, entscheidende Bedeutung bekommen für die weitere politische Entwicklung im südlichen Afrika überhaupt. Auch wenn Rhodesien einmal nicht mehr so häufig auf den Bildschirmen und auf den Frontseiten der Tageszeitungen vorkommen wird wie zum Zeitpunkt des Erscheinens dieses Buches, wird es daher wichtig sein, Voraussetzungen und Hintergründe der Ereignisse, die den Wandel von Rhodesien zu Zimbabwe herbeigeführt haben werden, sowie Ziele und Motivationen der Beteiligten zur Kenntnis nehmen und analysieren zu können. Dazu will der vorliegende Band durch Informationen, Berichte und Dokumente einen über die Tagesereignisse hinaus bedeutsamen Beitrag leisten.

Hamburg und Bonn, im November 1977

Zur Geschichte eines Konflikts

Von William Minter*

I. Geschichte und Struktur der Ausbeutung in Rhodesien

1. Die Eroberung und die Unterdrückung afrikanischen Widerstandes

Das Land, das heute Rhodesien genannt wird (das ehemalige Südrhodesien), geht in seiner Gründung auf die Initiative Cecil Rhodes' zurück, wie der Name auch erkennen läßt. Rhodes war ein Mann, der in einer Person viele der entscheidenden Charakterzüge vereinte, die die Geschichte Rhodesiens gestaltet haben. Er war ein Bergbaumagnat und ein Drahtzieher im Aktiengeschäft, wobei sein Hauptinteresse südafrikanischen (und rhodesischen) Diamanten und Goldvorkommen galt. Er war britischer Einwanderer und hatte verschiedene Wohnsitze sowie finanzielle und persönliche Bindungen im Vereinigten Königreich, in Südafrika und Rhodesien. Als Politiker fühlte er sich dem Ziel der Einheit der weißen Bevölkerungsgruppen (Briten und Buren) in Südafrika verbunden; er war ein überzeugter Rassist und Imperialist, der von der britischen (oder anglogermanischen) Weltherrschaft träumte. Sein spektakulärer unternehmerischer Vorstoß nach Zentralafrika hinein verband zweckdienlicherweise Aussichten auf persönlichen Profit und auf eine strategische Position in Afrika für das britische Weltreich. Niemand könnte ihm vorhalten, Sympathie oder Verständnis für die afrikanischen Völkerschaften gehabt zu haben, auf deren Land und Arbeit sein Ruhm und sein Reichtum gründeten; niemand könnte ihm irgendwelche Skrupel in seinem Geschäftsgebahren oder seinen politischen Intrigen vorwerfen. Rhodes' Erbe ist heute noch lebendig. Seine Nachfolger sitzen in Aufsichtsgremien und politischen Machtpositionen nicht nur in Rhodesien, sondern auch in Südafrika — sowie in London und anderen westlichen Hauptstädten. Das System der Privilegierung der Weißen, dessen Grundlagen er geschaffen hat, ist in Rhodesien immer noch intakt, obwohl fast ganz Afrika während der letzten zwei Jahrzehnte unter Mehrheitsregierungen unabhängig geworden ist.

Das Instrument zur Eroberung Rhodesiens war die Britische Südafrika-Gesellschaft, eine Rhodes-Gesellschaft, die von der Königin 1889 mit Privilegien ausgestattet worden war. Rhodes hatte bereits mit Diamanten in Südafrika ein Vermögen verdient, aber seine Investitionen in die Goldgewinnung am Rand-Höhenzug hatten noch keine Früchte getragen — mit einem „zweiten Rand" im Norden hätte er seine Verluste womöglich ausgleichen können. Die britische

---

* Eine Untersuchung, die Pfarrer William Minter auf Veranlassung des Anti-Rassismus-Programms des Ökumenischen Rates der Kirchen geschrieben hat. Die vertretenen Meinungen sind die des Autors.

Regierung war nicht bereit, öffentliche Gelder in solch ein Unternehmen zu investieren oder Truppen dafür bereitzustellen; aber Rhodes' Verbindungen in London vermochten immerhin die offizielle Absegnung und finanzielle Rückendeckung für seinen Versuch sicherzustellen, das Gebiet für Großbritannien gegen eine mögliche Konkurrenz seitens der Buren, Deutschlands oder Portugals zu sichern. In Zentralafrika selbst gelang Rhodes' Agenten eine Intrige am Hof von Lobengula, dem Herrscher des Ndebele-Königreichs, indem sie ihn dazu überlisteten, schriftlich auf die Bergbaurechte in seinem Königreich zu verzichten. Während Lobengula unter dem Eindruck stand, einer kleinen Gruppe das Recht verliehen zu haben, unter seiner Kontrolle Gold zu fördern, nahm die Britische Südafrika-Gesellschaft den Vertrag als Konzession zur Besetzung des Landes. Im Jahre 1890 stieß die Pionierkolonne — eine Invasionstruppe, die von Abenteurern gebildet wurde, die Rhodes unter dem Versprechen von Bergbaurechten und Land rekrutiert hatte — bis in die Gegend von Salisbury vor, wo die Shona an der nordöstlichen Peripherie des Ndebele-Königreichs lebten.

Die Shona sprechenden Völkerschaften scheinen in dem Gebiet des heutigen Rhodesien schon seit mehr als tausend Jahren gelebt zu haben. Sie waren in Staaten organisiert, die sich über weite Teile Rhodesiens und Mosambiks erstreckt haben, und waren für die Steinbauten verantwortlich, wie man sie in dem berühmten Zentrum von Zimbabwe findet, von denen weiße Siedler annahmen, daß sie von unbekannten verschollenen Nicht-Afrikanern errichtet worden seien. Der letzte größere Shona-Staat war von einer einfallenden Gruppe aus dem Zulu-Königreich in Südafrika zerstört worden. Eine andere solche Gruppe war auch nach Norden gezogen, um sich der Eroberung durch die Weißen zu entziehen, und gründete in Südwestrhodesien das Ndebele-Königreich: ein militärisch-zentralistischer Staat, der einige Shona-Völkerschaften mit einschloß und von anderen Tribute verlangte. Die weißen Siedler stellten den Ndebele-Staat als einen unerträglichen Despotismus von Wilden dar und verlangten für sich die Dankbarkeit der Shona, vor ihm gerettet worden zu sein.

Drei Jahre nach der ersten Besetzung von Mashonaland durch die Pionierkolonne unternahm Rhodes' örtlicher Bevollmächtigter Jameson einen Angriff gegen die Ndebele unter Lobengula, der immer wieder versicherte, daß er nie die Absicht gehabt hätte, sein Land durch Vertrag abzugeben. Die Invasion im Jahr 1893 war auf Freiwilligenbasis von der Gesellschaft organisiert worden: Den Rekrutierten wurden Land, Bergbaurechte und Anteile an der Beute — vornehmlich Vieh — versprochen. Taktik und Bewaffnung der Ndebele-Streitkräfte waren gegenüber denen der Weißen mit deren überlegener Waffentechnik unwirksam. Die Ergebnisse der Eroberung — Verlust von Land und Vieh, die Auferlegung der Hüttensteuer im Jahr 1894, die gewaltsame Rekrutierung afrikanischer Arbeitskräfte durch die Siedler und die Gesellschaft, die Mißhandlung afrikanischer Frauen durch Weiße — führten 1896 zu einer Revolte, in der

Shona und Ndebele sich zusammenschlossen, um gegen die weiße Kontrolle Widerstand zu leisten. Angriffe auf Siedler führten zu einem vorübergehenden Rückzug in die größeren Zentren; aber bald kamen Entlastungstruppen aus Südafrika an, und die Revolte wurde gewaltsam unterdrückt, woraufhin es nur noch ganz vereinzelten Widerstand nach dem Jahresende gab. Die Eroberung war damit abgeschlossen.

An diese nicht so fern zurückliegende Geschichte zu erinnern ist wichtig, nicht nur weil sie immer noch im Bewußtsein sowohl der Schwarzen wie der Weißen präsent ist und sich in den öffentlichen Denkmälern, Symbolen und Reden manifestiert, sondern auch, weil sie die grundlegende Machtstruktur errichtete, nach der Weiße und Schwarze herrschen, um weiße Privilegien mit dem Land und der Arbeitskraft der Schwarzen aufzubauen und aufrechtzuerhalten. Dies wird rasch einsichtig, wenn wir uns kurz die Themenbereiche *Arbeit, Land* und *politische Macht* etwas genauer vornehmen.

2. Die Mobilisierung afrikanischer Arbeitskraft

Die Mineralvorkommen von Rhodesien erwiesen sich als nicht so ergiebig wie erwartet. Während es Rhodes und einigen seiner Kollegen gelang, bei Börsenspekulationen Profite zu machen, blieb der erwartete Boom aus. Die Gesellschaft unternahm den Bau von Eisenbahnen. Sie bemühte sich darum, ihre Investitionen durch den Verkauf von Land- und Bergbaurechten wieder hereinzubekommen und dadurch, daß sie eine Gemeinschaft von weißen Siedlern aufzubauen versuchte. Diese Unternehmungen erforderten Arbeiter. Eine kleine Minderheit bestand aus weißen Arbeitern, die durch die anfänglich gute Bezahlung angelockt worden waren. Aber die Grundlage der rhodesischen Gesellschaft lag in der Mobilisierung billiger schwarzer Arbeitskräfte. Die Infrastruktur von Eisenbahnen und Straßen aufzubauen oder die Minen und Plantagen zu bewirtschaften wäre unmöglich gewesen ohne diese Arbeitskraft.

Die Mobilisierung nahm eine große Vielzahl von Formen an. In den frühen Jahren war direkter Zwang sehr weit verbreitet. Einige Arbeiter wurden für Arbeitsverhältnisse einfach dadurch „rekrutiert", daß man sie bei dem Häuptling eines Dorfes anforderte. Und nachdem sie einmal unterschrieben hatten, fielen sie unter die Zuständigkeit des „Gesetzes für die Regelung von Dienstverhältnissen" *(Master Servant Act, 1901),* das nur für schwarze Arbeiter galt. Dieses Gesetz schien eine Art „kurzfristiger Sklaverei" ins Werk zu setzen, wobei es eine ganze Reihe willkürlicher Strafen für Arbeiter festlegte, die sich nicht so benahmen, wie es ihre Herren wünschten. Die Hüttensteuer (1894) und die Kopfsteuer (1904) stellten andere Maßnahmen dar, afrikanische Arbeiter in den Arbeitsmarkt zu zwingen. Trotzdem beklagten die Weißen sich mehrere Jahrzehnte lang über einen chronischen Mangel an Arbeitern. Die Löhne waren so niedrig, daß es wesentlich attraktiver für Afrikaner war, landwirtschaftliche Produkte herzustellen und zu verkaufen, als für die Weißen zu arbeiten. Dadurch, daß die Afrikaner mehr und mehr von dem landwirtschaftlich nutzbaren Gebiet in der Nähe der städtischen Märkte und Transportverbindungen ausgeschlossen wurden (durch das Landzuteilungsgesetz von 1931), lag ein weiterer Anstoß dazu vor, Arbeit aufzunehmen. Gleichzeitig wurde die Kontrolle über afrikanische Arbeiter und die strikte Trennung zwischen Arbeit für Weiße und Afrikaner systematisiert. Afrikaner durften lediglich als ungelernte Kräfte arbeiten, und die städtischen Gebiete wurden durch ein Paß-System kontrolliert. Die Löhne deckten lediglich den Lebensunterhalt eines männlichen Arbeiters (seine Familie mußte zu Hause auf dem Land wohnen bleiben), währenddessen wurden weiße Arbeiter als Angestellte anerkannt. Sie erhielten Arbeitsvertragsrechte und die Kontrolle über das Lehrlingswesen *(Industrial Conciliation Act of 1934)*.

Die Industrialisierung während und nach dem Zweiten Weltkrieg brachte für die afrikanischen Arbeiter gewisse Veränderungen, ohne allerdings die grundsätzliche Ungleichheit zu ändern. Die Eisenbahn- und Industrieunternehmen entschlossen sich auf der Suche nach einer stabileren Arbeiterschaft dazu, verheiratete Arbeiter mit ihren Familien zuzulassen. Im Jahr 1959 wurde während der Epoche der zentralafrikanischen Föderation das Gesetz zur Schlichtung von Arbeitskonflikten auf eine Weise geändert, die es Afrikanern ermöglichte, in einigen Sektoren der Wirtschaft einer Gewerkschaft beizutreten. Jedoch waren die Beschränkungen der Art, daß sie jedes effektive Funktionieren solcher Gewerkschaften verhinderten: Lehrverhältnisse waren immer noch beschränkt, Streiks effektiverweise ausgeschlossen, und Gewerkschaftsführer wurden belästigt, beunruhigt und Repressionen ausgesetzt. Es wird geschätzt, daß lediglich 38 % der afrikanischen Arbeiter auch nur möglicherweise für eine Gewerkschaftsmitgliedschaft zugelassen werden können (landwirtschaftliche Arbeiter, Hausangestellte sowie Arbeiter im öffentlichen Dienst sind alle davon ausgeschlossen).

Die Ergebnisse der Diskriminierung kann man an den vergleichbaren Löhnen ablesen. So belief sich das Verhältnis zwischen Löhnen und Gehältern der Weißen und denen der Afrikaner im Jahr 1971 auf 16 zu 1 in der Landwirtschaft und reichte bis zu 13 zu 1 im Bergbau und ungefähr 8 zu 1 im Bauwesen, in der Industrie und im öffentlichen Dienst. Ebenso bezeichnend ist die Tatsache, daß die durchschnittlichen Arbeitslöhne für Afrikaner unter dem Minimum liegen, das offiziell für den Lebensunterhalt als notwendig berechnet worden ist (die sogenannte „Armutsgrenze" für eine durchschnittliche Familie in der Stadt betrug im Jahre 1974 ungefähr 70 Rhodesische Dollar pro Monat, während die durchschnittlichen afrikanischen Einkommen der höchstbezahlten Gruppe — in der Industrie — ungefähr 50 Rhodesische Dollar pro Monat ausmachten).

Überdies ist die Mehrheit der Afrikaner weder Lohn- noch Gehaltsempfänger, steht überhaupt in keinem bezahlten Arbeitsverhältnis, sondern lebt in den übervölkerten afrikanischen Reservaten, wo Armut herrscht und dazu noch der Lebensstandard ständig fällt. Währenddessen ist das beste Land für die kleine Minorität der Weißen reserviert.

Im Kontrast dazu haben die Weißen in Rhodesien einen der höchsten — und besonders angenehmen — Lebensstandards der Welt, wobei der durchschnittliche „Arbeiter" dazu in der Lage ist, ein gutes Haus zu besitzen und eine Reihe von Hausangestellten zu haben. Diese Facharbeiter und Siedler sind zudem nicht einmal in Rhodesien geboren. Nach den Zahlen von 1969 waren weniger als die Hälfte der annähernd 250 000 weißen Bewohner Rhodesiens dort geboren — ungefähr 21 % waren in Südafrika geboren, 24 % in Großbritannien und 14 % in anderen Ländern. Von der erwachsenen Bevölkerung allein ist ein noch geringerer Prozentanteil in Rhodesien geboren.

3. Die Verteilung des Landes

Die Landzuweisung in Rhodesien ist die auffälligste Illustration für den diskriminatorischen Charakter der dort etablierten Gesellschaft. Anfangs hatte die kleine Anzahl von Siedlern die Afrikaner lediglich von den kleinen Landgebieten verdrängt, die sie selbst einnahmen. Obwohl man für die Afrikaner Reservate eingerichtet hatte, gestattete man vielen, in unmittelbarer Nachbarschaft des europäisch besetzten Landes zu bleiben, damit sie als Arbeiter zur Verfügung stünden. Angesichts der Konkurrenz mit der afrikanischen Landwirtschaft änderten jedoch die Siedler ihre Haltung und vertrieben immer mehr Afrikaner von dem besten Land in die Reservate. Im Jahr 1930 wurde die Aufteilung des Landes in europäische und afrikanische Gebiete durch das Landzuteilungsgesetz systematisiert. Erzvorkommen, das Netz des Transportwesens und das beste Ackerland waren in den europäischen Gebieten konzentriert, während die abgelegeneren Gebiete und das weniger ertragreiche Land für die afrikanische Bevölkerung übrig gelassen wurde.

Wurde auf der einen Seite viel europäisches Land nicht kultiviert, so führte auf der anderen Seite die Übervölkerung in den afrikanischen Gebieten dazu, daß der Boden sich ständig verschlechterte. Das Landbewirtschaftungsgesetz von 1950 sollte angeblich die Landwirtschaftsverhältnisse für die Afrikaner verbessern, trug jedoch tatsächlich zu ihrer Verschlechterung bei. Nach diesem Gesetz förderte die Regierung die ständige Bebauung von Böden, die dafür nicht geeignet waren (die traditionelle afrikanische Praxis bestand in einem Wechselanbau, nach dem einige Gebiete mehrere Jahre lang brach gelassen wurden; aber jetzt gab es dafür nicht mehr genug Land). Die kommerzialisierte europäische

Landwirtschaft (besonders für Tabak gleich nach dem Zweiten Weltkrieg) und Großgrundbesitzertum monopolisierten das fruchtbarste Land. Das Grundbesitzgesetz von 1969 verstärkte sogar noch die Ungleichheit der Landverteilung, indem 45 Millionen *acres* (1 acre = 0,40467 Hektar) den Europäern zugeteilt wurden (ungefähr 250 000 Weißen, deren überwältigende Mehrheit in Städten lebt, nahezu die Hälfte davon allein in Salisbury und Bulawayo), während den ungefähr 6 Millionen Afrikanern ebenfalls 45 Millionen *acres* verblieben. Die rigide Durchsetzung dieser Landgesetze ermöglicht die systematische Rassentrennung durch Neuansiedlung und Vertreibung von Afrikanern. Besonders denkwürdige Beispiele sind die Neuansiedlung der Tangwena und die Schließung der „Cold Comfort Farm", einer nichtrassischen Genossenschaftsfarm, die in einem „europäischen" Gebiet gelegen war.

4. Die Struktur politischer Macht

Politische Autorität in Rhodesien lag anfangs in den Händen der Britischen Südafrika-Gesellschaft. 1898 wurde ein Legislativrat eingerichtet, der für eine Minorität örtlich gewählter Mitglieder vorgesehen war. Wahlrechtsbeschränkungen durch Alphabetisierung und Besitz sicherten auf erfolgreiche Weise den Ausschluß einer afrikanischen Beteiligung. Schon früh wurde der Grundsatz festgeschrieben, daß diese Restriktionen, wenn erforderlich, angehoben werden konnten, um Afrikaner auszuschließen — wie im Jahr 1912, als die Besitz- und Einkommensqualifikationen auf das Zweifache heraufgesetzt wurden.

Als die Herrschaft der Gesellschaft sich ihrem Ende näherte, wurden als die beiden möglichen Optionen der Zusammenschluß mit Südafrika oder eine Herrschaft der ortsansässigen weißen Siedler angesehen. Das Referendum vom November 1922 ergab 8 744 Stimmen für „Verantwortliche Regierung" und 5 989 für eine Union mit Südafrika. Während sowohl die Gesellschaft als auch die britische Regierung die Union favorisierten, fürchteten die dort ansässigen Weißen eine wachsende Konkurrenz mit afrikanischen Arbeitern und die Vernachlässigung von Rhodesien durch die Regierung von Südafrika. Die afrikanische Bevölkerung wurde — natürlich — zur Beantwortung dieser Frage nicht hinzugezogen.

Während Großbritannien gewisse Vorbehaltsrechte behielt — vorgeblich, um die afrikanische Mehrheit zu schützen —, wurde die tatsächliche politische Macht den weißen Siedlern übertragen. Die Vorbehaltsrechte wurden niemals genutzt, ungeachtet der ständigen diskriminierenden Gesetzgebung der folgenden Jahre. Die Armee in Rhodesien, deren Mitglieder anfangs von der Gesellschaft rekrutiert worden waren, kam unter örtliche Kontrolle, statt von London aus kontrolliert zu werden. Trotz der ausgedehnten Diskussion über die folgenden Änderungen der Verfassung und dem schließlich folgenden Abbruch der Beziehungen zu Großbritannien, als das weiße Regime im Jahr 1965 die einseitige Unabhängigkeit verkündete, muß man wissen, daß die Grundstruktur der politischen Macht in Rhodesien seit dem Ende der Herrschaft der Gesellschaft kaum eine Änderung erfahren hat.

Die Scheinmitbestimmung für Afrikaner in der Regierung hat sich in den Jahren etwas geändert. Unter den Alphabetisierungs- und Einkommens-Restriktionen* hatten sich insgesamt 560 Afrikaner aus einer Gesamtheit von 62 000 Wählern im Jahr 1956 für die Wahl qualifiziert. Das Wahlgesetz von 1967 hob diese Erfordernisse für die Eintragung in die allgemeine Wählerliste an und richtete eine besondere Liste ein, in die ein paar Afrikaner mehr aufgenommen werden konnten. Diese und andere Maßnahmen, die während der Epoche der Föderation unternommen worden sind, zielten darauf ab, eine Grundlage für die Unterstützung der weißen Herrschaft bei einer kleinen afrikanischen Elite zu schaffen. Die Verfassung des Jahres 1961 markierte den Höhepunkt dieses Trends, doch gelang es ihr nicht einmal, eine nennenswerte Beteiligung der afrikanischen Massen an dieser Struktur zuzulassen, geschweige denn, einen Ansatz zur Mehrheitsregierung zu schaffen.

Der Trend weißer Politik richtete sich sogar gegen solche Scheinzugeständnisse. Die Rhodesische Front, die aus den Wahlen des Jahres 1962 erfolgreich hervorgegangen war, bewegte sich in Richtung auf die einseitige Unabhängigkeitserklärung im Jahr 1965 zu. Die Verfassung, die gegenwärtig in Kraft ist, stammt aus dem Jahr 1969. Während sie immer noch eine Scheinbeteiligung von Afrikanern vorsieht (besonders durch Häuptlinge, die von der Regierung ernannt werden), stellt sie keine Hoffnung auf eine Mehrheitsregierung in Aussicht.

Inzwischen wurden politische Massenorganisationen der Afrikaner ständig mit Verbot und Unterdrückung angegangen, besonders seit dem Anwachsen afrikanischer Opposition in den späten fünfziger Jahren. Die meisten der afrikanischen Nationalistenführer haben die letzten anderthalb Jahrzehnte im Gefängnis, in Haft oder im Exil verbracht.

II. Weiße Siedler und auswärtige Interessen: eine problematische Zusammenarbeit

Politische Macht in Rhodesien befand sich in den Händen weißer Siedler. Sie haben sich auf der Grundlage von afrikanischem Land und afrikanischer Arbeitskraft eine privilegierte Existenz geschaffen. Es würde sinnvoll erscheinen, direkt zu einer näheren Überprüfung der Reaktionen der Afrikaner darauf und ihres

---

* D.h. ein bestimmter Ausbildungs- und Einkommensstand gelten als Voraussetzung für die Zulassung zur Wahl.

Widerstandes gegen sie überzugehen. Aber da ist ein Faktor, der die Sache kompliziert: die Beteiligung externer Finanzinteressen, die schon immer den größeren Teil der Profite aus der rhodesischen Wirtschaft abgeschöpft haben. Auch in der politischen Arena haben die Heimatländer dieser Interessen (Großbritannien, Südafrika und andere westliche Industrieländer) eine größere Rolle in den einzelnen Entwicklungsstadien der rhodesischen „Krise" gespielt. Tatsächlich stellte ein großer Teil der politischen Debatten in und über Rhodesien, wie sie in den Geschichtsbüchern oder in den Zeitungen wiedergegeben worden sind, lediglich eine Auseinandersetzung zwischen den Siedlern und diesen externen Mächten dar. Das afrikanische Volk hat an diesen Gesprächen bestenfalls als eine dritte Partei teilgenommen, oder — noch genereller — einfach als der Hauptdiskussionsgegenstand. Das Ergebnis ist oftmals eine verwirrte politische Diskussion, in der man leicht das Hauptziel aus dem Blickwinkel verlieren kann: Unterdrückung und Befreiung des Volkes von Zimbabwe (wie der afrikanische Name für das Gebiet lautet, das seinen weißen Herrschern als Rhodesien bekannt ist).

Das Ausmaß der Diskussion hat seine Grundlage in der Tatsache, daß es echte Interessenunterschiede zwischen den Siedlern und ihren auswärtigen Partnern gibt, Differenzen, die bereits in den Jahren der Herrschaft durch die Britische Südafrika-Gesellschaft sowie in der Diskussion über die Vereinigung mit Südafrika offenkundig geworden waren. Allgemein kann man das Interesse der Siedler so charakterisieren, daß es sich auf die Bewahrung ihrer eigenen privilegierten Position richtet, die zur Grundlage hat, daß jede Konkurrenz durch Afrikaner ausgeschaltet ist. Also ist, wieder ganz allgemein gesprochen, das Interesse ausländischer Gesellschaften und ihrer Regierungen weniger eng: Der Austausch einer lokalen weißen Elite mit einer schwarzen Elite würde für sie kaum eine Bedrohung darstellen, solange der Zugang zu den Ressourcen und zu billiger Arbeitskraft so bleiben würde wie bisher. Daher können sie sich eine größere Flexibilität leisten als die lokalen Siedler. Keine der beiden Parteien würde jedoch das Risiko einer politischen Mobilisierung der afrikanischen Massen eingehen wollen, das sich in revolutionäre Richtungen entwickeln könnte. Demzufolge hat sich die Flexibilität auswärtiger Interessen grundsätzlich der Starrheit der Interessen lokaler Siedler angeglichen — aus Furcht vor den Konsequenzen eines vollständigen Bruchs. Afrikaner wurden immer wieder dazu aufgerufen, geduldig zu sein und die Ergebnisse neuer Diskussionen oder der Ausübung von neuem Druck auf die weißen Siedler abzuwarten, um diese zu Konzessionen bereit zu machen. Dieses Modell hat sich in der Geschichte der mißlungenen Zentralafrikanischen Föderation als praktikabel erwiesen, ebenso wie angesichts der einseitig erklärten Unabhängigkeit und der halbherzigen Sanktionen gegen das illegale Siedler-Regime sowie ganz kürzlich in den sogenannten „Entspannungs"-Manövern.

1. Die Zentralafrikanische Föderation

Die Föderation von Südrhodesien, Nordrhodesien (heute Sambia) und Njassaland (heute Malawi) von 1953 ist durch die britische konservative Regierung mit Unterstützung der bedeutenderen ökonomischen Interessen in Südrhodesien realisiert worden. Die Vorteile, einen größeren Markt zu schaffen und den Reichtum an Mineralien des Nordens mit dem des Südens zu verbinden, war klar (für diejenigen, die genügend wirtschaftliche Kraft hatten, davon zu profitieren). Diese Veränderung wurde auch als ein Schritt auf „Partnerschaft" zwischen den Rassen hin präsentiert, und die Reaktionen darauf waren unterschiedlich. Viele Siedler in Südrhodesien sahen dies als eine Bedrohung an. Afrikaner im Norden sahen eine Drohung darin, sich mit dem von weißen Siedlern dominierten Süden zusammenzutun. Afrikaner in Südrhodesien waren der Auffassung, daß „Partnerschaft" einen Fortschritt darstellen könne. Die tatsächliche Bedeutung von Partnerschaft wird allerdings sehr klar in der Bemerkung des Bundespremierministers Hoggins wiedergegeben, der sie mit der Partnerschaft von Pferd und Reiter vergleicht.

Die Föderation war ein kurzlebiges Experiment, das mit dem Streben Malawis und Sambias nach Unabhängigkeit zusammenbrach. Die wirtschaftlichen Vorteile fielen ohnehin hauptsächlich an Rhodesien. Mit der Auflösung der Föderation im Jahr 1963 behielt Südrhodesien die Kontrolle über den größeren Teil der Bundesarmee und errichtete damit eine der notwendigen Voraussetzungen für die einseitige Erklärung der Unabhängigkeit.

Während dieser Epoche wurden die Hoffnungen der Afrikaner durch eine Reihe kleiner „liberalisierender" Schritte genährt, außerdem durch die Verhandlungen mit Großbritannien über ein Grundgesetz, die zu der Verfassung von 1961 führten. Aber diese Maßnahmen setzten bei weitem keinen Trend in Richtung auf eine Mehrheitsregierung in Gang. Die dominierenden weißen politischen Kräfte opponierten stark gegen die Zugeständnisse, die von Großbritannien oder von etwas flexibleren politischen Führern wie dem Premierminister Garfield Todd vorgeschlagen worden waren (der 1958 seines Amtes enthoben wurde).

Die Verfassung von 1961 sah — wie es offiziell hieß — die Möglichkeit für einen allmählichen Übergang zur Mehrheitsregierung vor. Sie trug damit dem Wunsch auf irgendeine Art von Arrangement mit einer afrikanischen Elite Rechnung. Aber die Fortschritte, die sie beinhaltete, waren so minimal — und der vorgesehene Zeitplan für die Einrichtung einer Mehrheitsregierung derart dürftig und hinhaltend, daß die afrikanischen Nationalistenführer sie kaum akzeptieren konnten, ohne dabei ihre Unterstützung durch das Volk zu verlieren. Und die ersten Wahlen nach der neuen Verfassung brachten die *Dominion Party* zur Macht (die Vorgängerin der gegenwärtig herrschenden Rhodesischen Front), die sich völlig unnachgiebig jedem Kompromiß mit afrikanischen Interessen widersetzte.

Beachtenswert ist, daß in den letzten Jahren der Föderation mehrere bedeutendere repressive Gesetze verabschiedet worden sind: das Gesetz über unzulässige Organisationen von 1959, das Gesetz zur Aufrechterhaltung von Ruhe und Ordnung von 1960 und das Notstandsgesetz von 1960. Damit war der Mechanismus für die intensivierte Unterdrückung von oppositionellen Afrikanern in den Jahren vor und direkt nach der einseitigen Unabhängigkeitserklärung vorbereitet worden.

2. *Die einseitige Unabhängigkeitserklärung, Großbritannien und Sanktionen*

Die britisch-rhodesischen Verhandlungen, die der einseitigen Unabhängigkeitserklärung vorausgingen und folgten, sind Gegenstand zahlreicher Berechnungen und Analysen gewesen — ebenso wie die Verlängerung und die Wirksamkeit von Sanktionen gegen das illegale weiße Regime. In dem Auf und Nieder der komplizierten Verfassungsgespräche sowie den „Gesprächen über Gespräche" ist es wichtig zu versuchen, einige wesentliche Grundzüge herauszuheben. Unter diesen wollen wir auf folgende Punkte hinweisen:
1. die unerschütterliche Intention des weißen Siedlerregimes, die Vorherrschaft der Weißen intakt zu halten;
2. die Präferenz der Briten für einen allmählichen Übergang auf eine gemäßigte schwarze Regierung;
3. die langsame und inkonsequente Anwendung und Durchführung wirtschaftlicher Sanktionen durch Großbritannien und seine Verbündeten;
4. die ständige Wiedererweckung von Hoffnungen auf den Schein wahrende oder unmögliche Kompromisse;
5. die ständige Protektion des rhodesischen Regimes durch Großbritannien (und den Westen), indem „extreme" afrikanische Aktionen entmutigt wurden, seien es solche durch afrikanische Staaten über die Vereinten Nationen oder Aktionen der nationalistischen Streitkräfte von Zimbabwe; ferner die Abneigung, irgendwelche Schritte zu unternehmen, die die „Stabilität" in Gefahr bringen und womöglich das Entstehen eines radikalen schwarzen Regimes ermöglichen könnten.

Jeder dieser Punkte verdient es, kurz ausgeführt zu werden:
1. Vorschläge für Reformen oder für Kompromisse, die darauf rechneten, die Kooperation des weißen rhodesischen Regimes zu gewinnen, sind immer wieder an der Hartnäckigkeit der Weißen gescheitert. Dies sollte jedoch nicht interpretiert werden als lediglich auf irrationalen Gefühlen basierend, was man durch hinreichend geschickte Verhandlungen umgehen und überlisten könnte. Wie „gemäßigt" eine Mehrheitsregierung der Zukunft auch immer sein würde, sie könnte kaum zustimmen, die weißen Privilegien zu sichern — ganz besonders nicht hin-

sichtlich des getrennten Arbeitsmarkts und der ungleichen Landverteilung. Großfabrikanten oder hoch ausgebildete Professionelle könnten hoffen, ihre Interessen unter gewissen Bedingungen gewahrt zu wissen. Eine Minderheit weißer Rhodesier könnte sich mit der afrikanischen Mehrheit identifizieren und zu einer Zusammenarbeit auf der Ebene der Gleichberechtigung bereit sein, um Zimbabwe aufzubauen. Aber die Mehrheit der weißen Rhodesier, unter der Führung der Rhodesischen Front, hat keinerlei Absichten, ihre Privilegien aufzugeben. Sogar in der Erwartung einer gewissen Niederlage werden sie eher dazu neigen, das Land zu verlassen, als Kompromisse zu schließen. Es ist unwahrscheinlich, daß allein Druck zu einem Krompromiß und zu einer friedlichen Machtübergabe durch das Smith-Regime führen wird. Ein Zusammenbruch ist möglich, das Zugeständnis der Mehrheitsregierung undenkbar.

2. Der Konflikt zwischen Großbritannien und dem Smith-Regime, die Tatsache, daß das Smith-Regime in zehn Jahren keine offizielle internationale Anerkennung gewinnen konnte, die verhängten Sanktionen — alles dies kann im Urteil der britischen und anderer westlicher Interessen nur so verstanden werden, daß das weiße Siedlerregime eine Behinderung darstellt. Während die Zusammenarbeit mit den weißen Siedlern einträglich war und dies auch bleiben könnte, so bedeuten doch der offensichtliche Rassismus des Regimes und die Tatsache, daß es auf lange Sicht keine verläßliche Größe darstellen wird, eine Bedrohung für Stabilität und gute Geschäftsbedingungen. Bei weitem vorzuziehen wäre ein afrikanisches Regime, das in passender Weise auf die Zusammenarbeit mit dem Westen ausgerichtet wäre. Zaire und Sambia stellen zwei Beispiele „akzeptabler" Lösungen für den Westen in dieser Region dar.

Jedoch ist die Möglichkeit eines gemäßigten allmählichen Übergangs zur Mehrheitsregierung durch die tatsächliche Machtausübung der weißen Siedler zunichte gemacht worden. Eine solche Option wäre eine Illusion. Dennoch handelt es sich hierbei um eine politisch wichtige Illusion, denn sie stellt das hartnäckig verfolgte Ziel der Westmächte dar.

3. Die Maßnahmen, die von Seiten Großbritanniens gegen die einseitige Unabhängigkeitserklärung unternommen wurden, waren von Anfang an begrenzt und unwirksam. Die militärische Gewalt lag in den Händen des Siedlerregimes, und britische Militäraktionen waren schon im voraus ausgeschlossen gewesen. Die Hauptwaffe oder der wichtigste „Druck" lag in den wirtschaftlichen Sanktionen. Hierin übernahm Großbritannien in den Vereinten Nationen die Führung und legte das Ausmaß der Sanktionen fest. Nur sehr begrenzte Maßnahmen wurden gleich nach der einseitigen Unabhängigkeitserklärung im November 1965 getroffen. Ein Jahr später wurde eine Auswahl obligatorischer Sanktionen durch den Sicherheitsrat der Vereinten Nationen verhängt. Im Mai 1968 verhängte der Sicherheitsrat voll verbindliche Sanktionen.

15

Bei jedem Schritt wandten sich Großbritannien und die anderen Westmächte im Sicherheitsrat dagegen, die Sanktionen stärker und wirksamer zu machen. 1970 legten die Vereinigten Staaten gemeinsam mit Großbritannien ihr erstes Veto bei den Vereinten Nationen ein, um die Ausweitung von Sanktionen auf Südafrika und Portugal, die es Rhodesien möglich machten, den Sanktionen zu entkommen, zu blockieren.

Damit derartige Maßnahmen eine realistische Aussicht darauf gehabt hätten, wirksam zu sein, hätten sie sofort angewandt werden müssen, um einer Vorbereitung von Auswegmaßnahmen zuvorkommen zu können. Ebenso wäre die Bereitschaft, auch gegen Portugal und Südafrika vorzugehen, wenn sie diese Sanktionen unterwandern würden, erforderlich gewesen. Desgleichen hätte man einen Mechanismus für eine wirksame Verstärkung der Maßnahmen zur Hand haben müssen. Sambia hätte eine massive Kompensierung erhalten müssen, um die Sanktionen sofort konsequent erfüllen zu können. Keine solcher Maßnahmen war jedoch getroffen worden.

Stattdessen entwickelte Rhodesien wirksame Maßnahmen, die Sanktionen zu hintergehen, als noch über sie entschieden wurde und als sie dann nach und nach zur Ausführung kamen; es erhielt aktive Unterstützung dafür durch Portugal und besonders durch Südafrika. Die Sanktionen wurden in mehreren westlichen Ländern ohne wirksame Aufdeckung oder Verfolgung laufend gebrochen — ebenso in mehreren afrikanischen Ländern, die unter starkem westlichem Einfluß stehen. Nach der Neufassung des Byrd-Abkommens über Chrom aus dem Jahr 1971 schlossen sich die Vereinigten Staaten Südafrika und Portugal als offenen Sanktions-Verletzern an, indem sie Chrom und andere „strategische Mineralien" importierten. Sie zogen es vor, die Sanktionen zu verletzen, statt ihren Chrom anderswo zu kaufen.

Als kürzlich die Sanktionen auch durch Mosambik angewandt wurden, fanden sich die wichtigsten Westmächte lediglich zu symbolischen Unterstützungsleistungen bereit, um die Not zu lindern, die Mosambik durch die Erfüllung der Sanktionen entstanden war.

4. Nach der einseitigen Unabhängigkeitserklärung hat Großbritannien immer wieder versucht, eine Regelung auszuhandeln. Die „Tiger"-Gespräche des Jahres 1966 und die „Fearless-Gespräche" des Jahres 1968 scheiterten, obwohl Großbritannien zu Konzessionen bereit war.* Das Smith-Regime war nicht bereit, irgendeine Lösung zu akzeptieren, die auch nur einen allmählichen Ansatz zur Mehrheitsregierung impliziert hätte. Die Verfassung von 1969 und die Ausrufung einer Republik im Jahr 1970 stellten weitere Schritte in der Entfernung von einer Aussöhnung mit Großbritannien dar.

---

* „Tiger" und „Fearless" sind britische Schiffe, auf denen Smith und Wilson 1966 über Lösungsmöglichkeiten für den Konflikt diskutierten.

Trotzdem erreichten die beiden Regierungen im Jahr 1971 eine Übereinkunft, die wesentliche britische Zugeständnisse beinhaltete. Nach diesen Vorschlägen hat man errechnet, daß das Jahr 2026 das früheste mögliche Datum für eine Stimmenparität der Afrikaner im Parlament (das würde bedeuten, daß die Hälfte der Parlamentssitze der afrikanischen Mehrheit zufiele — die 95 % der Bevölkerung darstellt) wäre, also in einem halben Jahrhundert. Aber ein Prinzip der Briten wurde aufrechterhalten — die Notwendigkeit, daß die Afrikaner diesen Abkommen zustimmen müßten. Die Pearce Kommission, die 1972 ausgesandt wurde, um die Gefühle und Einstellungen der Afrikaner zu erforschen, berichtete eine überwältigend negative Reaktion — und das Abkommen wurde beiseitegelegt.

Das Scheitern dieser Serie von Verhandlungen war vorhersehbar. Solange Großbritannien sich der Mehrheitsregierung auch nur minimal verpflichtet fühlte, würden alle entsprechenden Vorschläge von dem weißen Siedlerregime immer abgelehnt werden. Wenn — wie im Fall der Übereinkunft von 1971 — versucht wurde, eine scheinbare Akzeptierung des Smith-Regimes hinzunehmen, konnte die Reaktion der Afrikaner darauf lediglich negativ sein. Die wichtigste Wirkung dieser Verhandlungen lag in einem Zeitgewinn für das weiße Regime, indem sie Entschuldigungen dafür lieferten, strengere Sanktionen vorerst noch aufzuschieben, sowie Argumente gegen den bewaffneten Kampf der Nationalisten von Zimbabwe.

5. Während Großbritannien und andere westliche Länder sich selbst zu dem rhodesischen Regime in Opposition setzten, indem sie es nicht anerkannten und indem sie Sanktionen anwandten, müssen sie auf einer anderen Ebene immer noch als die Protektoren gegen die drohende Revolution angesehen werden. Maßnahmen, die den tatsächlichen Zusammenbruch in Rhodesien herbeigeführt hätten, wurden abgelehnt, einerlei, ob es sich dabei um den Gebrauch von Gewalt durch Großbritannien unmittelbar nach der einseitigen Unabhängigkeitserklärung handelte oder um die gleichmäßige und strenge Anwendung von Sanktionen. Am bezeichnendsten war die Haltung gegenüber Südafrika, das den wesentlichsten wirtschaftlichen Rückhalt für das rhodesische Regime bildete. Nicht nur wurde Südafrika für seine Verletzung der Sanktionen nicht bestraft, sondern es wurde im Gegenteil von britischen, amerikanischen und anderen Firmen dazu benutzt, ihre Kontakte mit ihren Zweigstellen und Tochtergesellschaften in Rhodesien aufrechtzuerhalten.

Der Grund dafür ist leicht zu verstehen. Im Jahr 1963, für das zum letzten Mal umfassende Informationen über Auslandsinvestitionen zur Verfügung standen, wurden zwei Drittel aller in Rhodesien erwirtschafteten Profite ausländischen Firmen gutgeschrieben, hauptsächlich südafrikanischen und britischen. Das Fehlen genauer Angaben verhindert eine ähnliche Abschätzung für die kürzer zurückliegenden Zeitabschnitte, aber es ist klar, daß die ausländischen Gewinne sich nicht verringert haben. Die Rolle Südafrikas ist in ihrer Bedeutung wesentlich gestiegen, während Firmen aus Ländern, die offiziell Sanktionen verhängen, im großen und ganzen einen Weg dafür gefunden haben, ihre entsprechenden Unternehmungen fortzusetzen. Gleichzeitig sind die wirtschaftlichen Bindungen zwischen Südafrika und den westlichen Industrieländern ständig gewachsen.

Versuchen afrikanischer Länder, Südafrika wegen seiner Sanktionsverletzungen zu bestrafen, widersetzten sich westliche Länder durch ihr Veto im Sicherheitsrat. Die Zuflucht der Nationalisten von Zimbabwe zum bewaffneten Kampf wurde als „extremistisch" etikettiert, und man begegnete ihr mit Appellen, dem „friedlichen Wandel" etwas mehr Zeit zu geben oder wenigstens die Ergebnisse der neuesten Verhandlungsrunde abzuwarten. Die Botschaft lautete, Großbritannien (oder seit kurzem auch Südafrika bzw. die Vereinigten Staaten) die Verantwortung dafür übernehmen zu lassen, Smith zur Einsicht zu bringen, und in der Zwischenzeit Geduld zu haben.

3. „Entspannung" (Detente) im südlichen Afrika

Eine ähnliche Dynamik wie die der vorausgegangenen Epochen läßt sich auch in den „Entspannungs"-Manövern der Jahre 1974 und 1975 im südlichen Afrika beobachten — wobei der Hauptunterschied darin liegt, daß Großbritannien als wichtigste ausländische Macht nun durch Südafrika als Hauptbefürworter von „Verhandlungen" ersetzt wurde. Die Bereitwilligkeit Südafrikas, zu einer Regelung zu kommen, kann erklärt werden durch die in zunehmendem Maße wirksamen Aktionen von Guerilleros in Zimbabwe in den Jahren 1973 und 1974 (die hauptsächlich durch die Streitkräfte der ZANU von der Tete-Provinz in Mosambik aus geführt wurden) und durch die Aussicht auf eine wesentlich intensivierte Bedrohung durch Guerilleros, die dem Zusammenbruch des portugiesischen Reiches sowie der Unabhängigkeit von Mosambik folgt. Das Interesse Südafrikas, so wurde argumentiert, liegt in der Errichtung eines gemäßigten, stabilen afrikanischen Regimes in Rhodesien — statt in einer Fortsetzung der leicht verwundbaren Regierung Smith. Der Druck Südafrikas hatte zur Folge, daß mehrere Führer von Zimbabwe zur Teilnahme an Verhandlungen zugelassen wurden. Während Vorster Smith zu Gesprächen drängte, übte Sambia auf die Nationalisten von Zimbabwe Druck aus, sich zu einer Dachorganisation eines „afrikanischen Nationalrates" *(African National Council)* zusammenzuschließen, um mit Smith Gespräche zu beginnen und eine zeitlich begrenzte Feuerpause zu erreichen. Die Gespräche wurden — wie man erfahren konnte — durch die Anglo-amerikanische Gesellschaft erleichtert, ein multinationaler Konzern mit Sitz in Südafrika, der Firmenanteile in Zambia und in dem Rest des südlichen Afrika besitzt. Die Nationalisten von Zimbabwe und skeptische afrikanische Staaten wurden dazu überredet, Gesprächen „noch eine einzige Chance" einzuräumen, die durch die veränderte Situation nach dem Niedergang des portugiesischen Kolonialismus ermöglicht würden. Wie auch bei anderen Gelegenheiten erwiesen sich auch diesmal die Hoffnungen auf Zugeständnisse seitens des Smith-Regimes als falsch. Die Gespräche über den Victoria-Fällen im August 1975 führten nirgendwohin weiter, ebenso erging es den Gesprächen, die mehrere Monate lang von dem Nkomo-Flügel des ANC geführt worden waren. Was auch immer die Erwartungen der verschiedenen Teilnehmer an diesen Entspannungsverhandlungen waren, das wichtigste Ergebnis scheint doch gewesen zu sein, mehr Zeit für das Smith-Regime herauszuschlagen. Rhodesiens ausländische Partner, in diesem Fall Südafrika, würden es vielleicht vorziehen, daß Smith von einer gemäßigten afrikanischen Regierung abgelöst wird, um auf diese Weise die sich entwickelnde Radikalisierung der nationalistischen Bewegungen kurzzuschließen. Aber die Maßnahmen, die notwendig gewesen wären, um das weiße Regime zum Abdanken zu zwingen (wie z. B. die Beteiligung Südafrikas an wirtschaftlichen Sanktionen), stellen eine nicht annehmbare Politik für das weiße Südafrika dar. In gleicher Weise würde die daraus sich ergebende Unruhe keinerlei Sicherheit dafür darstellen, daß die Macht an eine hinreichend gemäßigte afrikanische Regierung abgegeben werden würde. Für Südafrika und den Westen ist Smith — wie widerlich er auch sein mag — immer noch der Revolution vorzuziehen; daher werden Maßnahmen gegen Smith nur in dem Ausmaß angewandt werden, in dem sie für vereinbar gehalten werden mit der Förderung einer nicht revolutionären afrikanischen Alternative. Das weiße rhodesische Regime ist jedoch nicht daran interessiert, die Macht überhaupt an Afrikaner abzugeben, wie gemäßigt sie auch immer sein mögen, und widersetzt sich daher ständig der von seinen frustrierten ausländischen Partnern angebotenen irrlichtigen „mittleren Option".

III. Die langsame Entwicklung des afrikanischen Nationalismus in Zimbabwe

Während der afrikanische Widerstand während des ganzen 20. Jahrhunderts sich verschiedener Methoden und Zielrichtungen, zum Teil in völliger Vereinzelung bediente, geht der moderne afrikanische Nationalismus in Zimbabwe im großen und ganzen auf die Entstehung des *African National Congress* im Jahr 1957 zurück. Er gründete sich dabei auf die Gewerkschaftsbewegung in der Nachkriegszeit, auf den Widerstand in den fünfziger Jahren gegen das Landhaltungsgesetz *(Land Husbandry Act)* und auf die erst kürzlich entstandene Jugendliga; dennoch entwarf der Kongreß das Bild von gemäßigten Forderungen innerhalb des Rahmens für Partnerschaft, wie er von der Föderation gesetzt worden war. Aber der Entlassung des „liberalen" Premierministers Todd im Jahr 1958 folgte das Verbot des ANC im Jahr 1959, und viele seiner aktiven Mitglieder wurden verhaftet.

Eine Nachfolgeorganisation des Kongresses, die *National Democratic Party* (NDP), wurde 1960 gegründet und nahm an den Gesprächen teil, die zu der Verfassung von 1961 führten. Tatsächlich gaben die NDP-Repräsentanten, unter ihnen Nkomo und Sithole, ihre Zustimmung zu der Verfassung, bis sie eine starke Ablehnung der großen Masse ihrer Anhänger erfuhren. Am Ende des Jahres 1961 wurde die NDP auch verboten (sie hatte eine Volksbefragung gegen die Verfassung organisiert). Sie wurde ersetzt durch die ZAPU *(Zimbabwe African People's Union)*, die ihrerseits im folgenden Jahr verboten wurde.

1963 kam es zu einer Abspaltung der ZANU *(Zimbabwe African National Union)* von der ZAPU, wobei Ndabaningi Sithole die ZANU anführte, während die ZAPU (die dem Gesetz nach unter dem Namen *People's Caretaker Council* registriert war) unter der Führerschaft von Joshua Nkomo stand. Seit der Zeit galten die Teilungen unter den Nationalisten von Zimbabwe als wichtigster Punkt für das weiße Siedler-Regime, um Stärke zu demonstrieren. Aus dem Exil oder aus dem Gefängnis und ohne eine gut organisierte Massenbasis war es für die Führer der Nationalisten bisher unmöglich, das Problem der Einigung zu bewältigen. Nkomo und Sithole wurden beide 1964 verhaftet und verbrachten zusammen mit anderen nationalen Führern den größten Teil des folgenden Jahrzehnts außerhalb der politischen Szene. Vom Standpunkt auswärtiger Beobachter aus sahen sich die Gründe für die Differenzen zwischen den Gruppen der Nationalisten in vielen Fällen als oberflächlich oder als von der Rhetorik bestimmt an — als wenn sie gelegentlich mehr für eine auswärtige Öffentlichkeit geschaffen worden wären als für die Organisierung der Massen von Zimbabwe.

1966 entschlossen sich beide Bewegungen, ZANU und ZAPU, zum Guerilla-Kampf. Bis 1972 blieb jedoch die Wirkung der Attacken beider Bewegungen lediglich sporadisch und sehr begrenzt. Obwohl sie sich dem bewaffneten Kampf verschrieben hatten, zollten sie der diplomatischen Arena mit ihrem Zentrum in London sehr große Aufmerksamkeit. Alle Einigungsversuche schlugen jedoch fehl. Tatsächlich hatte ein solcher Versuch im Jahre 1971 lediglich zur Formierung einer kleinen dritten Gruppe geführt: FROLIZI.

Die Regelungen von 1971 und die Untersuchungen der Pearce-Kommission über die Meinung der Afrikaner führten zu einer Reaktion der afrikanischen Massen, die vom African National Council unter Führung von Abel Muzorewa organisiert worden war. Es gelang dem ANC, ein massives „Nein" als Antwort auf diese Regelung zu präsentieren und sie damit zu Fall zu bringen. Danach gelang es ihr, als Organisation dem Verbot zu entgehen und fortzubestehen, obwohl sie unter Verfolgungen und Verhaftungen ihrer Führer und Mitglieder litt.

Im gleichen Jahr 1972 gelang der Guerilla-Kampagne ein entscheidender Schritt vorwärts durch die von der ZANU angeführte Offensive im nordöstlichen Zimbabwe; die Offensive wurde von ihrem Stammlager in der Tete-Provinz von Mosambik aus geführt und von FRELIMO kontrolliert. Dabei war es erstmals zu einer andauernden Kampfhandlung gekommen, die auf einer engen Koordination und politischen Mobilisierung der Massen aus der bäuerlichen Bevölkerung dieser Gegend beruht.

Die Entspannungsversuche von 1974—1975 führten zur Haftentlassung von Sithole und Nkomo sowie zur Formierung eines neuen ANC, der alle nationalistischen Gruppen unter der Führung von Muzorewa umfaßte und im Dezember 1974 gegründet wurde. Im März 1975 wurde Herbert Chitepo ermordet, einer der ranghöchsten ZANU-Führer und einer derjenigen, die die Möglichkeit einer Entspannung äußerst skeptisch beurteilen. Wer für diesen Tod verantwortlich ist, konnte bisher noch nicht geklärt werden, obgleich eine sambische Kommission in ihrem Bericht die Verantwortung dafür einer Clique innerhalb der ZANU zuschiebt. Die Gespräche über den Victoria-Fällen im August führten auf einen toten Punkt. Daher hielten gleich danach die Mitglieder des Nkomo-Flügels des ANC innerhalb Rhodesiens einen Kongreß ab, auf dem sie Nkomo zum Präsidenten wählten; ein Vorgang, der von Führern wie Sithole und Muzorewa als illegal angesehen wurde, die selbst nicht nach Rhodesien zurückkehren konnten, ohne ihre Verhaftung zu riskieren. Der sogenannte „externe" Flügel des ANC entschied sich dazu, immer wieder die Notwendigkeit des bewaffneten Kampfes zu betonen, während Nkomos „interner" Flügel sich dazu entschloß, es noch einmal mit Verhandlungen zu versuchen. Die vier Präsidenten der Frontstaaten (Botswana, Mosambik, Sambia und Tansania) hatten nach den Gesprächen an den Victoria-Fällen darüber einen Konsens erzielt, daß der bewaffnete Kampf notwendig und weitere Gespräche sinnlos sind, und hofften nun darauf, Nkomo auch von dieser Haltung zu überzeugen.

Vielleicht die wichtigste Entwicklung liegt jedoch in der Formierung eines einheitlichen Kommandos für den Guerilla-Krieg Ende des Jahres 1975, an dem sich sowohl die ehemaligen ZANU- als auch die ehemaligen ZAPU-Guerilleros beteiligten. Diese „dritte Macht" fühlte sich, wie man hörte, von den Fehlschlägen der älteren politischen Führerschaft abgestoßen, welcher Partei sie auch immer zugehören mochte, weil es ihr bisher nicht gelungen war, die praktischen Probleme der Befreiung Zimbabwes angemessen zu regeln. Die dritte Kraft war darauf angelegt, mit der Arbeit der politischen und militärischen Mobilisierung für den bewaffneten Kampf voranzukommen und von allen Streitigkeiten in der Führerschaft abzusehen, indem sie sich dazu bereiterklärte, mit allen anerkannten Führern gemeinsam zu handeln — unter der einen Voraussetzung, daß sie sich zusammenschließen würden und dazu bereit wären, sich mit den unmittelbaren Problemen des Kampfes zu befassen. Bis heute hat diese „dritte Kraft" keinen offiziellen Vertreter im Ausland. Sie hat jedoch die Unterstützung der vier afrikanischen Länder, die unmittelbar von den Auseinandersetzungen mit betroffen sind (Mosambik, Tansania, Sambia und Botswana), sowie die Unterstützung des Befreiungskomitees der OAU. In dem Maße, in dem es dieser Kraft gelingt, einige der chronischen Schwierigkeiten der nationalistischen Bewegungen von Zimbabwe zu überwinden, kann sie ein wirksames Mittel gegen das weiße Siedler-Regime und für die Befreiung von Zimbabwe darstellen.

Für diejenigen, die von auswärts versuchen, den Befreiungskampf von Zimbabwe zu unterstützen, ist es wichtig, über einige dieser Schwierigkeiten zu sprechen; denn sie werden sicherlich nicht über Nacht verschwinden, und die Feinde von Zimbabwe haben das größte Interesse daran, sie aufrechtzuerhalten. Denn die größte Hoffnung für Smith auf ein Überleben (oder die Hoffnung von Kissinger und Vorster auf eine „Lösung" in ihrem Sinne) liegt darin, die Uneinigkeit und Schwäche der aktiven gesellschaftlichen Kräfte von Zimbabwe auszubeuten.

Zwei der Schwierigkeiten sind bereits erwähnt worden: (1) die Unterdrückung durch das weiße Regime, die zu der Zerstreuung der Führerschaft in Haft oder Exil geführt hat, und (2) die ständig genährten falschen Hoffnungen auf Verhandlungen oder auf irgendeine Art von externem Druck, um das Problem zu lösen und die Mehrheitsregierung zu erreichen. Die Wirkung dieser beiden Faktoren zusammen ist viel zerstörerischer, als es eine ständige Unterdrückung alleine hätte gewesen sein können. Die Möglichkeit einer erfolgreichen offenen Massenorganisation wurde durch die unterdrückerischen Maßnahmen des Regimes zerstört; aber jede in sich einheitliche Tendenz auf eine Untergrundorganisation für den bewaffneten Kampf hin wurde ebenfalls erfolgreich durch die ständigen „Öffnungen" und Gelegenheiten zur Teilnahme an „Verhandlungen" behindert. Obwohl der Stock meistens durch das rhodesische Regime angewandt und die Möhre von Großbritannien (oder Südafrika) angeboten worden war, so trug die Kombination dieser beiden Faktoren doch wesentlich dazu bei, die Bemühungen um eine Befreiung von Zimbabwe zu hindern.

Wenngleich die Verantwortung dafür, sich ständig falschen Hoffnungen hingegeben zu haben, auf der Führerschaft von Zimbabwe lastet, so müssen andererseits auch diejenigen, die sie immer wieder dazu ermutigt oder sogar durch Druck veranlaßt haben, „Verhandlungen nochmals eine einzige Chance zu geben", den Vorwurf mit tragen, zu einer Verlängerung des weißen Minderheitsregimes beigetragen zu haben. Obwohl die Führer von Zimbabwe an allen bisherigen Verhandlungen als Männer mit einer potentiellen Machtbasis teilgenommen haben (die in der Opposition des Volkes gegen die weiße Minderheitenherrschaft lag), so fehlte ihnen doch eine gut organisierte starke Basis (militärischer Macht oder einer im Untergrund arbeitenden politischen Organisation, die vor Repressionen durch die Regierung gesichert war).

Die Schwächen, die sich daraus ergaben, haben sich durch die Rhetorik des bewaffneten Kampfes oder durch die sporadischen Kampfhandlungen der letzten Jahre nicht geändert. Im Gegenteil — dieser Versuch, so heldenhaft er an sich war, hat sogar dazu beigetragen, die Beständigkeit der früheren Mentalität aufzuweichen. Zu den Beschränkungen zählten: 1. der Gebrauch von Gewalt als ein Mittel zur Erreichung von kurzfristigem Druck, der dazu dienen sollte, den Feind dazu zu veranlassen, die politischen Forderungen ernst zu nehmen, ebenso wie die im Volk vorherrschenden Widerstandsgefühle klar zu artikulieren — und er war damit nicht Teil einer langfristigen politischen und militärischen Strategie; 2. das Versagen vieler der ranghöchsten Führer, sich für einige Zeit von der „Politik" (sowohl der internationalen Diplomatie als auch der Führungsfragen) zu suspendieren, um ernsthaft die alltäglichen Probleme der Organisierung eines ständigen Guerillakampfes zu studieren und sie lösen zu helfen; 3. das Fehlen einer ausreichend klaren Definition des Feindes im politischen und militärischen Bereich statt in einer rassischen Dimension, ein Versagen, das es dem weißen Regime ebenso wie denjenigen, die für eine „Mäßigung" eintreten, ermöglicht hat, den bewaffneten Kampf als ein rücksichtsloses rassistisches Blutbad hinzustellen.

Derartige Beschränkungen behindern die Entwicklung eines beständig durchgeführten Kampfes, in dem Beurteilungen militärischer Ziele auf der Grundlage von militärischen, politischen und ethischen Kriterien getroffen werden können; in dem die Führer nicht aufgrund ihres rhetorischen oder tribalen Hintergrundes beurteilt werden, sondern nach ihren Handlungen und Haltungen, wie sie sich im Kampf zeigen; in dem ein Verhältnis zwischen Führern, Guerillakämpfern und den Massen aufgebaut werden kann, das nicht nur die Möglichkeit eines Sieges impliziert, sondern zugleich ein Mittel zur Verhinderung des Entstehens einer neokolonialen Elite nach dem Sieg darstellt. Diese obengenannten Beschränkungen behindern auch die Entwicklung eines Kontextes, in dem die Führungsauseinandersetzungen von dem Volk Zimbabwes selbst gelöst werden können — anstatt durch verschiedene externe Zwangsmaßnahmen.

Derartige Schwierigkeiten bestanden und bestehen noch immer innerhalb des Befreiungskampfes von Zimbabwe. Es hätte keinen Sinn, die Verantwortung dafür einer bestimmten auswärtigen Macht zuzuschieben oder irgendeinem der Führer von Zimbabwe, einer Bewegung oder einer Fraktion. Smith, Vorster und Kissinger mögen darauf hoffen, daß derartige Schwierigkeiten fortdauern; diejenigen aber, die die Befreiung Zimbabwes unterstützen, müssen hoffen, daß sie gelöst werden können. Die Befreiung von Zimbabwe kann nicht von Leuten erreicht werden, die untereinander zerstritten sind — sie schaffen nur die besten Voraussetzungen zur Aufrechterhaltung eines guten Geschäftsklimas in Rhodesien. Diese Befreiung kann nur durch die Mobilisierung des Volkes von Zimbabwe selbst erreicht werden.

Anfängliche Berichte über die neuesten Guerillakämpfe lassen darauf hoffen, daß es zu einigen entscheidenden Fortschritten in dieser Hinsicht gekommen ist. Die Angriffe hatten sich auf strategisch wichtige militärische Ziele konzentriert. Die Führer des Guerillakampfes haben sich jeder Diskussion in der Presse darüber enthalten, wer Zimbabwe nach Erringung der Unabhängigkeit regieren werde. Das Ausmaß der gegenwärtigen Kampagne wäre ohne eine breit angelegte Zusammenarbeit mit dem Volk undenkbar. Die Schwierigkeiten des Befreiungskampfes von Zimbabwe sind bei weitem noch nicht gelöst, aber vielleicht hat der Prozeß begonnen, der eine Lösung ermöglichen kann.

IV. Die Rolle der Kirchen in Rhodesien

Der vorherrschende Aspekt der Präsenz christlicher Missionen und Kirchen in Rhodesien bestand bisher in der Kollaboration mit der weißen Herrschaft. Symbolhaft und präzise ist hierfür der Kommentar des Vizeadmirals Sir Peveril William-Powlett, des damaligen Gouverneurs von Südrhodesien aus dem Jahre 1959: *Die Geschichte der frühen Pioniere in Südrhodesien kann fast als die frühe Geschichte der Missionare verstanden werden — sie verbreiteten das Evangelium, heilten die Kranken und erweckten das Zutrauen von Mzilikazi und seines Sohnes Lobengula und ebneten somit den Weg für die Repräsentanten von Rhodes.*

Einige Missionare spielten eine wichtige Rolle in den Täuschungsverhandlungen, die zu dem Vertrag zwischen Lobengula und Rhodes führten. Wichtiger aber ist noch der allgemeine Tatbestand, daß die Missionen normalerweise auf Ländereien eingerichtet wurden, die ihnen durch das rhodesische Regime übereignet worden waren, und daß die Entwicklung der Missionsprogramme, besonders auf dem Sektor des Bildungswesens, in Abhängigkeit von Regierungsfinanzen und in enger Zusammenarbeit mit den folgenden weißen Regierungen durchgeführt wurden.

Es trifft zu, daß viele Missionare ihre Arbeit als im Interesse des afrikanischen Volkes stehend ansahen, die auf die afrikanische Gesellschaft mehr Bezug nahm als dies der durchschnittliche weiße Siedler tat, und daß sie eher frei waren von extremeren Formen weißer rassistischer Gefühle. Als der afrikanische Nationalismus in den fünfziger und sechziger Jahren wuchs und die Regierung immer offenkundiger auf Unterdrückung und systematische Rassentrennung hin tendierte, fühlten sich viele christliche Führer dazu verpflichtet, gegen die Ungerechtigkeit zu protestieren. Einige Missionare wurden ausgewiesen. Mehrere afrikanische Kirchenführer wurden in der Politik der Nationalisten zu Prominenten — Nkomo, Sithole und Muzorewa sind lediglich die bekanntesten unter ihnen. In den frühen siebziger Jahren übernahmen römisch-katholische Kirchenführer, an ihrer Seite die Repräsentanten anderer Kirchen, eine aktive Rolle in der Opposition gegen die Regierungsmaßnahmen in bezug auf Schulen und Wohnverhältnisse. Als Guerillakampf und Gegenschläge eskalierten, brandmarkten sie sowohl die Unterdrückungsmaßnahmen der Regierung als auch die Brutalität. Organisationen wie *Christian Care* und *Cold Comfort Farm* waren Zeichen des Eintretens der Christen für eine nichtrassistische Gesellschaft.

Aber die alltägliche und sonntägliche Arbeit der Kirchen reflektierte vorrangig immer noch Zurückhaltung, Ruhe und Passivität gegenüber der etablierten Ordnung der Ungerechtigkeit, gemischt mit der aktiven Kollaboration einiger und sporadischem Protest anderer. Und vielleicht war sogar die Art, in der sich Protest oft äußerte — nämlich in westlicher, „christlicher" Ideologie —, ebenso bedeutend für die Tendenz, die Beschränkungen innerhalb der nationalistischen Bewegungen zu verstärken.

Daher bewiesen Ton und Charakter des Protests, der sich gegen das weiße Regime oder an die internationale Gemeinschaft richtete, eine Abhängigkeit für jede Art von Veränderungen von den etablierten Autoritäten, einerlei ob Rhodesien oder Großbritannien gemeint war. Appelle an das Gewissen der Weißen, so wichtig und so mutig sie sein mögen, können nicht die Unterstützung der Bemühungen des Volkes von Zimbabwe, sich selbst zu befreien, ersetzen.

Ein weiteres „christliches" Thema, das immer wieder von einigen politischen Führern reflektiert und wiederholt wird, ist eine eher „apokalyptische" als politische Interpretation der Gewalt, die ein bewaffneter Kampf mit sich bringt. Unter dieser Perspektive liegt die einzige Alternative zu friedlichem Wandel in einem „rassistischen Blutbad". Daher wird die Aussicht auf Gewalt als ein rhetorischer Keulenhieb eingesetzt, um die Autoritäten zu bedrohen und die Notwendigkeit eines friedlichen Wandels immer wieder zu betonen. Gewalt wird als eine derart schreckliche Perspektive hingestellt, daß sich jeder vernünftige Mensch daraufhin zu Kompromissen bereitfinden muß. Auf diese Weise wird das Argument, den Verhandlungen mehr Zeit zuzugestehen, verstärkt. Aber nachdem die Entscheidung für den bewaffneten Kampf einmal getroffen worden ist, verhindert eben diese Blickrichtung die Behandlung der militärischen, politischen und ethischen Probleme eines ausgedehnten Kampfes auf einer pragmatischen Ebene. Denn ein ernsthaft organisierter und durchgeführter Kampf bedeutet gerade nicht die im Chaos endende Explosion, die von dem Bild des „Rassenblutbades" nahegelegt wird. Das „Blutbad" kann womöglich mehr Menschenleben fordern, weitverbreitete Gefühle der Rache ausdrücken, ist aber selbst in einer rein militärischen Kalkulation kaum dazu in der Lage, zu einem Sieg über die Unterdrückungsgewalten zu führen. Einen revolutionären bewaffneten Kampf zu organisieren erfordert dagegen eine exakte Auswahl von Zielen, die Mobilisierung und Organisierung des Volkes gegen ein Unterdrückungssystem und nicht lediglich gegen die Hautfarbe eines Unterdrückers; sie erfordert weiterhin Disziplin und streng geregelte Ordnung. Gegen „Blutbäder" zu polemisieren hilft überhaupt nichts. Es verhindert vielmehr eine sorgfältige Erwägung der Maßnahmen, die dafür notwendig sind, politische und ethische Kontrolle über die Gewalt sicherzustellen, die man notwendigerweise der Gewalt der Unterdrückungs-Maschinerie entgegensetzen muß.

Welche Aufgaben werden daher den Kirchen in Rhodesien bei einer Eskalation des Kampfes entstehen? Sie werden sich zunehmend der Alternative konfrontiert sehen, die zwischen Stillschweigen und Ausweisung (oder Unterdrückung) angesichts neuer Maßnahmen des Regimes gegen die Guerillakämpfe bestehen wird. Es wird sich immer wieder die Frage der Entscheidung zwischen Kollaboration und Protest stellen, besonders wenn Kirchenführer ihre Gemeindemitglieder in Mitleidenschaft gezogen sehen. Dies ist *eine* wichtige Aufgabe.

Aber die vielleicht bedeutendste Aufgabe übersteigt diese einfache Dichotomie. Werden die Kirchenmitglieder dazu in der Lage sein, den revolutionären Prozeß zu verstehen, der sich jetzt gerade im südlichen Afrika entwickelt? Oder werden sie ihm bestenfalls gleichgültig gegenüberstehen, unfähig, den Guerillakrieg zu verstehen oder gar ein neues Zimbabwe nach dem Sieg über Smith aufzubauen? Oder werden sie womöglich in die Zwistigkeiten und Verwicklungen der unvermeidlichen westlichen Versuche miteinbezogen werden, auch noch nach dem Zusammenbruch des weißen Minderheitenregimes ein „pro-westliches" Regime zu bewahren?

V. Die aktuelle Situation, das Gleichgewicht der Macht und internationale Solidarität

Zu der Zeit, in der dieses Dokument verfaßt wird, hat der Guerillakonflikt in Zimbabwe tatsächlich das ganze Land berührt, Nachrichten besagen, daß die weißen Sicherheitskräfte bis zu den Grenzen ihrer Belastbarkeit in Anspruch genommen worden sind, daß Kissinger Vorster in der Bundesrepublik Deutschland trifft, wobei Rhodesien den Berichten zufolge der wichtigste Diskussionspunkt sein wird. Die Ereignisse überschlagen sich, und die Einzelheiten der folgenden Analyse werden bald nicht mehr aktuell sein. Dennoch gibt es einige Grundpunkte, die für die Interpretation der Ereignisse, wie sie sich jetzt entfalten, nützlich sein können. Im folgenden wird daher eine genauere Betrachtung der gegenwärtigen Situationen und der strategischen Aussichten der verschiedenen

„Seiten" in diesem Konflikt präsentiert werden, gefolgt von einer Aufstellung einiger Aufgaben für diejenigen, die sich für eine internationale Solidarität mit dem Befreiungskampf von Zimbabwe engagieren wollen.

1. Die Befreiungsstreitkräfte

Der schließliche Abbruch der Gespräche zwischen Nkomo und Smith hat keine bedeutende Fraktion unter den Einwohnern von Zimbabwe übriggelassen, die noch irgendeine Hoffnung auf einen Kompromiß oder einen friedlichen Übergang hegt. Alle versichern gemeinsam ausdrücklich, daß der bewaffnete Kampf notwendig ist, und erfreuen sich der Unterstützung durch die Regierungen der vier unabhängigen afrikanischen Staaten, die am unmittelbarsten in den Konflikt miteinbezogen sind. Seit Januar 1976 haben die Guerillastreitkräfte von Zimbabwe unter dem vereinigten Kommando — die man jetzt meistens als *Zimbabwe People's Army* bezeichnet — zunehmend wirkungsvollere Angriffe auf das gesamte östliche Gebiet von Zimbabwe sowie auf das Inland geführt. Mit der Schließung der Grenze nach Mosambik im März 1976 sind Rhodesiens Seezugänge lediglich auf den Weg durch Südafrika (entweder direkt oder durch Botswana) beschränkt. Beide Routen waren Ziel von Guerillaangriffen. Hilfe — den Berichten nach auch aus sozialistischen Ländern — kam über die Kanäle der Organisation für Afrikanische Einheit. Die vier Präsidenten der sogenannten Frontstaaten — Machel, Nyerere, Kaunda und Khama — haben die Aktionen zur Unterstützung der Guerillafeldzüge eng koordiniert — ebenso diejenigen zur Intensivierung des wirtschaftlichen Drucks auf das Smith-Regime.

Es ist wahr, daß die Einheit unter den Guerillastreitkräften immer noch verhältnismäßig zerbrechlich ist und daß die ranghöchsten politischen Führer von Zimbabwe bisher ihre Konflikte noch nicht haben beilegen können und sich auch noch nicht auf eine Linie einigen konnten, wie sich dieser Kampf politisch unterstützen ließe. Ebenso wahr ist, daß die Kompensationen an Mosambik bisher noch kaum etwas dafür tun konnten, die wirtschaftlichen Folgen der Schließung der Grenze aufzufangen, daß Sambias prekäre wirtschaftliche und politische Situation dieses Land leicht verwundbar hält gegenüber einer Infiltration oder Druckausübung durch das weiße Regime und daß Botswana es immer noch als wirtschaftlichen Selbstmord empfinden würde, seine Grenze nach Rhodesien zu schließen. Aber das Ausmaß, die Stärke und die allgemeine Unterstützung der Offensive gegen das weiße Regime durch das Volk ist einzigartig in der bisherigen Geschichte des Konflikts — ebenso wie die Bedrohung der Herrschaft der weißen Minderheit.

2. Das Regime der weißen Siedler

Das Hauptziel des Smith-Regimes liegt ganz einfach im Überleben. Seine grundlegenden strategischen Perspektiven beinhalten 1. die Mobilisierung der weißen Gemeinschaft und die Anwendung von standardisierten Gegenschlagtaktiken — strategische Dörfer, Feuerzonen und Vergeltungsmaßnahmen; 2. die Aufrechterhaltung der traditionellen Unterstützung durch Südafrika und den Westen (in wirtschaftlicher und militärischer Hinsicht); 3. die Anwendung aller nur möglichen Methoden, um die nationalistischen Kräfte von Zimbabwe aufzuspalten und zu schwächen, ebenso wie die der afrikanischen Frontstaaten.

Das erste dieser Ziele ist ziemlich unverblümt die unentwegte Verteidigung der Rassenprivilegien und der „westlichen Zivilisation". In einer rein kurzfristigen militärischen Perspektive kann dies erreicht werden. Es hat jedoch auch zur Folge, daß die weiße Wirtschaft mit ihren Arbeitskrafterfordernissen stark belastet wird, daß es darüber hinaus negative Gefühle bei der Masse des Volkes gegen das Regime erweckt und daß es die ohnehin zweifelhafte Loyalität schwarzer Rekruten in der rhodesischen Armee und in den Polizeikräften überbeansprucht.

Die zweite Perspektive beinhaltet, daß Südafrika weiterhin mit Rhodesien zusammenarbeitet, um den Sanktionen auszuweichen, und impliziert soviel unauffällige militärische Unterstützung durch Südafrika wie möglich. Eine offene militärische Unterstützung durch Südafrika, die den Zweck hätte, das Defizit an Soldaten abzudecken oder sogar gemeinsame militärische Aktionen gegen Guerillaunterkünfte in Mosambik zu führen, ist in ganz klarer Weise ebenso erwünscht. Indem die gegenwärtigen Bindungen aufrechterhalten werden, kann Smith mit einer grundlegenden politischen Unterstützung durch Südafrika rechnen; sowohl innerhalb der nationalistischen Partei Vorsters als auch aufgrund von persönlichen Bindungen vieler Südafrikaner zu den weißen Rhodesiern sowie aufgrund des funktionstüchtigen Zusammenhalts der südafrikanischen und rhodesischen Militärverbände und Geheimdienstaktionen, die in vielen Jahren engster Kollaboration aufgebaut worden sind.

Außerdem besteht da noch die Aufgabe, die bisherige Unterstützung durch den Westen aufrechtzuerhalten: die Schlupflöcher in den Sanktionen (zu den größten zählt die Neufassung des Byrd-Abkommens mit den Vereinigten Staaten), die Gewinnung neuer Einwanderer aus westlichen Ländern, die vorsätzliche Blindheit, mit der westliche Regierungen die Rekrutierung von Söldnern für den Kampf in der rhodesischen Armee zulassen. Um es für Kissinger und Vorster attraktiver zu machen, diese Beziehungen aufrechtzuerhalten und Smith nicht fallen zu lassen, ist es sinnvoll, einige kleine Zugeständnisse zu machen — wie die Aufnahme afrikanischer Häuptlinge in das Kabinett und vielleicht andere Reformen wie zum Beispiel diejenige, nach der es Afrikanern gestattet ist, Land in „weißen" Gebieten zu erwerben. Als Zugeständnisse in Richtung auf eine afrikanische Mehrheitsregierung sind solche Maßnahmen jedoch so gering und kommen so spät, daß sie bedeutungslos dafür sind; für Kissinger oder Vorster lassen sie sich jedoch als Anhaltspunkte für ihr Bemühen ausgeben, einen neuen „Dialog" in Gang zu bringen.

Das letzte Element von Smiths Strategie liegt darin, alles nur mögliche dafür zu tun, Uneinigkeit unter den nationalistischen Kräften zu fördern, diese zu schwächen oder die Grundlagen ihrer Unterstützung durch Sabotage und Kampagnen psychologischer Kriegsführung gegen ihre afrikanischen Anhänger zu zerstören. Versuche, die wirtschaftlichen Probleme von Mosambik zu verschlimmern und dieses Land der Weltöffentlichkeit gegenüber als chaotisch, extremistisch und despotisch hinzustellen, gehören mit zu dem Kampf der Zerstörung wesentlicher Rückhaltsbasen für die Befreiung von Zimbabwe.

3. Südafrika und der Westen

Diese beiden auswärtigen Mächte werden als Gruppe behandelt, nicht etwa aufgrund einer vorgefaßten Idee, daß beide immer dieselbe Haltung gegenüber Rhodesien haben oder einnehmen werden, sondern weil sie selbst ihre Interessen immer mehr als parallel gelagert ansehen — in bezug auf eine „dritte Lösung", die weder einen Sieg für das weiße Siedlerregime noch für eine sich zunehmend radikalisierende afrikanische Guerillamacht vorsieht. Während dieser Ansatz zwar eng mit den Namen von Kissinger und Vorster verbunden ist, basiert er doch auf politischen Realitäten, die bestehen bleiben, auch wenn einer der beiden oder beide zusammen die politische Szene verlassen werden. Je größer die Bedrohung für das weiße Regime wird, um so gespannter werden Südafrika und die westlichen Länder nach irgendeiner akzeptablen Alternative suchen.

Ihr Problem liegt darin, den Druck auf Smith zu intensivieren, um ihn zu Kompromissen zu bewegen, zugleich aber die Guerillastreitkräfte aufzuweichen und zu isolieren, um eine Art „gemäßigter" afrikanischer politischer Option wiederersteben zu lassen. Eine Zunahme des Druckes auf Smith wird von dem rechten Flügel sowohl in Südafrika wie im Westen verhindert (zum Beispiel: Opposition in Südafrika gegen die Ausübung von wirtschaftlichem Druck auf Smith; die Unfähigkeit Kissingers, sein Versprechen durchzusetzen, das Byrd-Abkommen aufzuheben oder wirtschaftliche Unterstützung an Mosambik zu geben). Dieses andererseits entzieht in Kombination mit Smiths Kompromißlosigkeit allen denjenigen den Boden, die vielleicht versucht wären, die Rolle gemäßigter Afrikaner zu spielen. Vielleicht liegt die ganze Hoffnung Kissingers und Vorsters darin, etwas mehr Zeit für beschränkte Pressionen auf Smith zu gewinnen und dabei zu versuchen, die Spaltungen unter den Nationalisten von Zimbabwe zu vertiefen. Vielleicht beabsichtigen sie auch, eine Spaltung unter den afrikanischen Frontstaaten dadurch zu fördern zu versuchen, daß sie der Furcht vor einer Radikalisierung Material liefern, und dadurch, daß sie versuchen, Mosambik zu isolieren und zu schwächen oder eine Auseinandersetzung zwischen Sambia und Mosambik zu provozieren.

Eine weitere mögliche Szenerie dafür läge in dem Zusammenbruch des Smith-Regimes, bevor die Guerillamächte stark genug oder ausreichend geeinigt sind, die Aufrechterhaltung der Ordnung übernehmen und sichern zu können. In diesem Fall würde möglicherweise ein Übergang unter der Aufsicht Großbritanniens, des *Commonwealth* oder einer anderen internationalen Zusammensetzung vorgeschlagen werden — oder eine Intervention, um die Evakuierung der Weißen zu organisieren. Maßnahmen dieser Art könnten die Rechtfertigung für eine Intervention des Westens oder Südafrikas bieten, um ein Regime ihres Interesses zu sichern.

Diese oder andere mögliche Konstellationen für die Zukunft sollten im Lichte einer grundsätzlichen *de-facto*-Allianz zwischen Südafrika und den westlichen Ländern verstanden werden. Das Nationale Sicherheitsmemorandum in den Vereinigten Staaten von 1969 verlieh in bezug auf Südafrika der Grundannahme Ausdruck, daß die Weißen die Kontrollgewalt behalten werden und daß Veränderungen sich allmählich sowie in Zusammenarbeit mit den weißen Regierungen zu vollziehen haben. Dieser Grundsatz brach im Fall des portugiesischen Kolonialismus zusammen und mag auch für den Fall Rhodesiens keine Gültigkeit mehr haben. Aber in bezug auf Südafrika ist er eindeutig nicht abgeschafft worden. Südafrika befindet sich daher mit seinen westlichen Alliierten in voller Übereinstimmung darüber, daß, welche Art von Veränderungen es auch immer in Rhodesien geben mag, diese nicht die grundlegende Machtstruktur im südlichen Afrika bedrohen dürften. Wenn Kissinger oder Vorster von der Gefahr einer sowjetischen, kubanischen oder chinesischen Einflußnahme sprechen, meinen sie damit die Gefahr einer afrikanischen Revolutionsmacht auf Massenbasis im südlichen Afrika, welche Art auswärtiger Unterstützung sie auch immer haben mag. Alle ihre Aktivitäten werden darauf gerichtet sein, eine Revolution in Zimbabwe zu verhindern, einerlei, ob sie sich für eine Fortsetzung der stillschweigenden Unterstützung des weißen Regimes entscheiden oder versuchen, eine neue Alternative dazu zu schaffen.

4. Aufgaben der internationalen Solidarität mit Zimbabwe

Die Fortsetzung des Kampfes in Zimbabwe gegen das weiße Minderheitenregime konfrontiert diejenigen, die außerhalb des Landes leben, mit einer ganzen

Reihe konkreter Aufgaben. Die folgende Liste will nicht erschöpfend sein, sondern versucht, die wichtigsten Punkte klar herauszustellen:
1. das Ausmaß der Sanktionen gegen das weiße Minderheitsregime — dazu gehören nicht nur rein wirtschaftliche Sanktionen, sondern auch die Frage der Rekrutierung von Einwanderern und/oder Söldnern;
2. das Ausmaß wirtschaftlicher Unterstützung für die afrikanischen Frontstaaten, die gegenwärtig unter den Konsequenzen der von den Vereinten Nationen verhängten Sanktionen leiden — dazu ist nicht nur Mosambik zu rechnen, sondern auch Sambia, das zum Teil aufgrund bereits früher angewandter Sanktionen in seine aktuelle, leicht verwundbare wirtschaftliche Lage gekommen ist, ebenso aber möglicherweise Botswana;
3. das Ausmaß der Klarheit unter den Anhängern von Zimbabwes Freiheit angesichts der ständig wiederbelebten falschen Hoffnungen auf einen friedlichen Übergang zur Mehrheitsregierung durch Kompromisse oder Verhandlungen mit dem Regime der weißen Siedler; und darüber hinaus das Ausmaß des Verständnisses für die Gründe und den Charakter des fortgesetzten Befreiungskampfes;
4. das Ausmaß der Unterstützung des Befreiungskampfes für Zimbabwe aus verschiedenen Quellen — eine Unterstützung, die von Waffenlieferungen bis zu landwirtschaftlicher und medizinischer Hilfe in den Flüchtlingslagern und, vielleicht in der Zukunft, in den befreiten Gebieten von Zimbabwe reicht;
5. der Grad der Einsicht in die Möglichkeiten, daß mit Unterstützung von Südafrika oder westlicher Länder ein neokoloniales System etabliert wird. Aber: Würde es sich um „Befreiung" handeln, wenn eine schwarze Elite lediglich die weiße ersetzen und als Stoßdämpfer für die Sicherung südafrikanischer und westlicher Interessen dienen würde, wobei es kaum oder gar keine Veränderungen für die Massen des Volkes geben würde?

Mit diesen und ähnlichen Aufgaben müssen sich diejenigen befassen, die Freiheit und Gerechtigkeit in Zimbabwe unterstützen wollen, um sich für konkrete Aktionen entscheiden zu können, ohne daß sie von der Komplexität der Ereignisse und der sie umgebenden Propaganda überwältigt oder paralysiert werden.

Die Politik der Bundesrepublik Deutschland im Rhodesienkonflikt

Von Hans Detlef Laß †

Der vorliegende Beitrag wurde im Juli 1976 geschrieben und ursprünglich veröffentlicht in: W. R. Kirkman / C. Legum / H. D. Laß: Rhodesien 1975/76. Analyse und Dokumentation zum Konflikt um Rhodesien / Zimbabwe; Heft 7 der Reihe „Arbeiten aus dem Institut für Afrika-Kunde", Hamburg. Völlig unerwartet verstarb Dr. Hans Detlef Laß am 1. Dezember 1976 im Alter von 39 Jahren während eines Forschungsaufenthaltes in Gaborone, Botswana, wo er an einer größeren historischen Studie über afrikanischen Widerstand und britische Kolonialpolitik in Botswana arbeitete. Seine wissenschaftliche Tätigkeit und sein persönliches und politisches Engagement waren seit vielen Jahren vorwiegend darauf ausgerichtet gewesen, zu einem besseren Verständnis der vielfältigen Probleme Afrikas und hier besonders des Konfliktraumes südliches Afrika, beizutragen und sich für eine ausgewogene und mehr Gerechtigkeit versprechende Veränderung unzureichender bestehender Verhältnisse einzusetzen. In Dr. Hans Detlef Laß verlor die moderne deutsche Afrika-Wissenschaft einen wichtigen, engagierten Vertreter.

1. Die Aufnahme der rhodesischen Unabhängigkeit in Deutschland

Als am 11. November 1965 die Regierung Smith einseitig die Unabhängigkeit für Rhodesien *(Unilateral Declaration of Independence, UDI)* ausrief, verwies das Auswärtige Amt in Bonn darauf, daß die Haltung der Bundesregierung gegenüber Rhodesien bestimmt werde durch die deutschen Beziehungen zu Großbritannien und zu den unabhängigen afrikanischen Staaten und daß die Absicht bestehe, sich an Beschlüssen der Vereinten Nationen zu orientieren. Diese Haltung sei auch über den deutschen Botschafter in London früher der dortigen rhodesischen Vertretung erklärt worden.[1] Entsprechend dieser Grundposition verweigerte die Bundesrepublik der Regierung Smith die völkerrechtliche Anerkennung, ein kurz vorher neu benannter Generalkonsul für Salisbury trat seinen Posten nicht mehr an, das Auswärtige Amt erklärte, daß die Bundesrepublik sich an den von Großbritannien und den Vereinten Nationen verhängten Wirtschaftssanktionen beteiligen werde.[2] Auch in der Presse wurde fast einhellig der Schritt der rhodesischen Führung negativ bewertet, allerdings eher in Kritik an der verfehlten Taktik als mit grundsätzlichen Einwänden begründet.[3] Als typisch sei hier der Kommentar der damals noch stärker liberal gefärbten „Welt" zitiert.[4] In historischer Parallele zur Unabhängigkeitserklärung der USA urteilte die Zeitung: „Die Unabhängigkeitserklärung von Salisbury ist nun allerdings in ebenso starkem Maße eine Entscheidung gegen den Fortschritt der

Menschheit, wie die Unabhängigkeitserklärung von Philadelphia ein Akt des Fortschritts war... Es ist zu befürchten, daß nach diesem Entschluß viel Blut fließen wird — und nicht nur in Rhodesien selbst. Den gerade jetzt Erfolg versprechenden Bemühungen, ein Zusammenleben von Farbigen und Weißen in weiten Teilen Afrikas zu ermöglichen, ist ein Schlag versetzt worden, der Auswirkungen haben kann, die heute noch nicht einmal zu erahnen sind." Der gleiche Leitartikel warb jedoch auch um Verständnis für die Weißen in Rhodesien: „Sie sehen sich vor der Gefahr, ebenso wie in anderen Teilen Afrikas von den Farmen, den Fabriken, den Geschäften, den Häusern verdrängt oder gar vertrieben zu werden, die sie oft über Generationen hinweg gebaut haben, vor der Gefahr, aus dem Land scheiden zu müssen, das ihnen zur Heimat geworden ist. Aber bei allem Verständnis: Der Weg, den Ian Smith gewählt hat, kann nur Unheil heraufbeschwören." Verständnis dafür, daß die weißen Rhodesier ihre Privilegien erhalten wollen, verbindet sich mit der Kritik, sich so rigoros gegen die Forderungen des afrikanischen Nationalismus zu stellen und mit Großbritannien zu brechen, könne nur den Konflikt verschärfen und müsse erfolglos bleiben. Die weitgehend prorhodesische Meinung in Südafrika und Portugal fand nur vereinzelt offenen Widerhall in deutschen Organen, wie z. B. im Industriekurier [5]: „Die mutige Rebellion der weißen Rhodesier wird als erste Wendemarke nach 20 Jahren übereilten Rückzugs des weißen Mannes aus seiner Verantwortung in Afrika in die Geschichte eingehen."

In der Bewertung von einzelnen Aspekten der Pressediskussion differenziert sich allerdings das Bild: Die Forderungen der Organisation für Afrikanische Einheit und der militant anti-kolonialen Staaten wie Tansania finden kaum Unterstützung oder Verständnis, sondern werden eher als Zeugnis verständlichen emotionalen Engagements gewertet.[6] Positiv hingegen wird der politische Realismus eines Präsidenten Banda von Malawi hingestellt, der das unabhängige Afrika warnte:[7] „Rhodesiens Luftwaffe kann innerhalb von 24 Stunden alle Städte in Zentral- und Ostafrika in Schutt und Asche legen, seine Armee in einer Woche alle Länder besetzen."

Mit Skepsis und zum Teil offener Ablehnung begegnete die deutsche Presse ebenfalls den Sanktionsbeschlüssen gegen Rhodesien. So sprach das Handelsblatt davon,[8] deutsche „Kenner der Afrikawirtschaft" seien überzeugt, „daß am Fall Rhodesien das Exempel statuiert wird, wie rasch eines der wenigen funktionierenden Wirtschaftsgebilde in Afrika zerstört werden kann". Gleichzeitig waren diese Kenner allerdings auch davon überzeugt, daß die Sanktionen nicht die Absetzung der Regierung Ian Smith erzwingen könnten. Die vom Auswärtigen Amt unter außenpolitischen Begründungen herbeigeführte Politik der deutschen Mitarbeit an den Sanktionen fand also keine Unterstützung in westdeutschen Wirtschaftskreisen, sondern traf auf offene Mißbilligung.

Während Anfang Dezember 1965 Staaten wie Dänemark, Norwegen und Schweden, Israel, Indien, Jamaika oder Malaysia sich dem vollständigen Handelsembargo afrikanischer Staaten anschlossen, während Australien und Kanada 90 % ihrer Einfuhren aus Rhodesien sperrten, tat die Bundesrepublik noch nichts zur Einschränkung ihrer Einfuhren von Tabak, Kupfer und Asbest.[9] Die britische Öffentlichkeit und die Regierung in London begannen, die Unterstützung aus der Bundesrepublik für Ian Smith kritisch zu kommentieren und forderten die Einlösung des sofort nach UDI gegebenen Versprechens auf volle Unterstützung der britischen Politik.[10] Zum Mißvergnügen der Wirtschaftsinteressenten begann Bonn mit der Durchsetzung der Sanktionen: Noch im Dezember 1965 wurde die Genehmigungspflicht für Tabakimporte aus Rhodesien eingeführt, wovon 10 % der deutschen Tabakeinfuhren betroffen wurden. Die Tabakimporteure aus Rhodesien mußten einsehen, daß mit Lizenzen für die neue Tabakernte, die ab März 1966 in Salisbury zur Versteigerung kommen sollte, nicht mehr gerechnet werden konnte.[11] Den Bestimmungen im Außenwirtschaftsgesetz entsprechend, nach denen Geschäfte und Handlungen im Außenwirtschaftsverkehr beschränkt werden können, wenn diese das friedliche Zusammenleben der Völker stören, die Sicherheit der Bundesrepublik gefährden oder die auswärtigen Beziehungen erheblich belasten, wurden weitere Maßnahmen Anfang 1966 angekündigt. Betroffen waren vor allem Importe von Roheisen, Asbest, Kupfer, Chromerz sowie Häute und Felle.[12] Einwände erhoben vor allem die deutschen Asbestverarbeiter,[13] und verboten wurden durch die Entscheidung der Bundesrepublik im Februar 1966 nach Importen von Tabak und Zucker die Einfuhren rhodesischen Ferro-Chroms und Roheisens. Die Entscheidung über Asbest wurde verschoben.[14] In ärgerlicher Erregung kanzelte der Afrikakorrespondent der „Welt", Hans Germani, den Sanktionsbeschluß ab:[15] „Bonn verärgerte die Rhodesier und verspielte damit Chancen für den deutschen Export." Und mit offener Sympathie berichtet der Industriekurier (Düsseldorf) von dem Erfolg der rhodesischen Tabakauktionen unter Umgehung der Sanktionen und unter Bruch der Beschlüsse ihrer jeweiligen Regierungen durch fast alle Aufkäufer.[16]

Auf die einseitige Unabhängigkeitserklärung Rhodesiens reagierte die Bonner Außenpolitik sofort durch Anschluß an die Maßnahmen, die Großbritannien zur Unterstützung seiner Rhodesienpolitik von seinen Verbündeten forderte. Die Bundesregierung verhielt sich in der erklärten Außenpolitik auch konform zu Beschlüssen der Vereinten Nationen, obwohl die Bundesrepublik noch nicht Mitglied war, und sie achtete auf die Forderungen der Mehrheit der unabhängigen afrikanischen Staaten. Doch waren für diese Position nicht die Wahrung deutscher Interessen in Afrika entscheidend oder die Willensbildung der deutschen Öffentlichkeit, sondern vor allem außenpolitische Rücksichtnahme auf Großbritannien. Soweit öffentliches Interesse am Rhodesienkonflikt sich artikulierte, war es eher prorhodesisch als proafrikanisch, und dadurch fehlte eine Unterstützung für die außenpolitische Position der Regierung. Auch für die Parteien wurde Rhodesien kaum zum Thema; zwar verwies der SPD-Pressedienst darauf, daß die Haltung zur Unabhängigkeit Rhodesiens von Schwarzafrika als Loyalitätstest bewertet würde, doch fand eine politische Debatte zu diesem Konflikt auch in dieser Partei nicht statt.[17]

In einer derartigen Situation steckt die Gefahr eines permanenten Widerspruchs zwischen politischer Deklaration und konkreter Handhabung der Beziehungen, der allerdings nicht offenbar wird, wenn eine öffentliche Messung von Anspruch und Wirklichkeit aneinander vermieden werden kann. Falls der Widerspruch nicht ausgeräumt wird durch die politische Auseinandersetzung, kann er wenigstens gemeinsam verdeckt gehalten werden, solange Informationen über das konkrete Handeln fehlen. Die Außenpolitik kann bestehen bleiben bei der Erklärung ihrer Absichten, die laufenden Aktivitäten wirtschaftlicher Interessengruppen und politischer Verbände brauchen sich davon nicht stören zu lassen. Für beide Seiten gefährlich werden allerdings öffentliches Interesse, breite Information über das Problem und Diskussion, die den Anspruch der erklärten Außenpolitik an der Wirklichkeit der gesellschaftlichen Beziehungen messen. Diese in der Ausgangslage bereits erkennbar werdende Tendenz blieb kennzeichnend über zehn Jahre deutscher Rhodesienpolitik.

2. Deutsche Rhodesienpolitik: Anspruch und Wirklichkeit

2.1 Die Politik der Bundesregierung im Rhodesienkonflikt 1966—1974

Der Schwerpunkt der deutschen außenpolitischen Aktivitäten im Rhodesienkonflikt lag in der Sanktionsfrage. Die Bundesrepublik war nach Südafrika und Großbritannien vor den USA, Japan, der Schweiz, den Niederlanden und Italien eines der wichtigsten Abnehmerländer Rhodesiens.[18] Ihre Beteiligung an den Sanktionen, die auf britisches Betreiben zunehmend strenger gefaßt wurden, war also von beträchtlicher Bedeutung für den Erfolg der Sanktionspolitik. Entsprechend wurde die britische Regierung wiederholt in Bonn vorstellig, und die Bundesregierung schloß sich jeweils den neuen Sanktionsmaßnahmen an. Im Mai 1966, unmittelbar vor einer Reise des damaligen Kanzlers Erhard nach London, wurde die Genehmigungspflicht für alle Wareneinfuhren aus der abtrünnigen britischen Kolonie eingeführt — ähnlich wie in den Niederlanden, Italien, Japan und anderen Staaten.[19] Allerdings wurden unter Berufung auf die Notwendigkeit dieses Rohstoffes für die deutsche Industrie für die Asbesteinfuhren zunächst die Importlizenzen weiter gewährt. Nach den letzten Statistiken für ein ganzes Jahr, 1964, betraf das ein Importvolumen von 10,4 Mio DM. Für 1966 wurden Asbesteinfuhren für 16 Mio DM erwartet. Nach der Sicherung von Asbestlieferungen aus Kanada wurden Lizenzen für Rhodesien allerdings ab Mitte 1966 nicht mehr erteilt.

Nach dem Beschluß des Sicherheitsrats vom 16. Dezember 1966, der alle Staaten aufforderte, die Einfuhr von rhodesischem Asbest, Eisenerz, Chrom, Roheisen, Zucker, Tabak, Kupfer, Fleisch, Fleischprodukten, Häuten, Fellen und Leder in sein Hoheitsgebiet zu verhindern [20], wollte das Auswärtige Amt entsprechende Verordnungen für die Bundesrepublik durchsetzen und war bereit, auch bestehende Verträge zu annullieren, traf hier aber auf heftigen Widerstand des Bundeswirtschaftsministeriums, das die gerade abgeschlossenen Importverträge für Kupfer mit einer Laufzeit von fünf Jahren und für Asbest mit einer Laufzeit von zwei Jahren unbedingt gewahrt wissen wollte.[21] Der Runderlaß Außenwirtschaft, der noch vor Jahresende 1966 erlassen wurde, nahm geltende Verträge von dem Importverbot für die vom Sicherheitsrat bezeichneten Waren aus.[22] Beim gleichen Anlaß wurde auch die Liste der Waren erweitert, die unter ein Exportverbot für Rhodesien fielen. Auf Veranlassung aus London wurde im gleichen Zeitraum die Beschlagnahme von für Rhodesien in der Bundesrepublik gedruckten Geldnoten verfügt.[23] Widerstand gegen die Aufhebung der geltenden Lieferverträge meldeten nicht nur die betroffenen westdeutschen Industrieunternehmen und deren wirtschaftliche Lobby an, sondern Warnungen gegen die unabsehbaren Folgen eines derartigen Schrittes kamen auch aus Südafrika.[24] In ihrem Bericht an den Generalsekretär der Vereinten Nationen erklärte die Bundesregierung die getroffenen Maßnahmen zur Durchführung des Beschlusses des Sicherheitsrats vom Dezember 1966, erläuterte aber auch, daß geltende Verträge nicht außer Kraft gesetzt würden.[25] Die afrikanischen Vertreter in den Vereinten Nationen werteten dies als Komplizenschaft mit Ian Smith, und die massive Enttäuschung über den offensichtlich geringen Erfolg[26] der Sanktionspolitik machte sich Luft in heftiger Kritik an der westdeutschen Position.[27] Die Zahlen über den direkten Handel zwischen den beiden Staaten wiesen einen deutlichen Effekt der Sanktionsbeschlüsse der Bundesregierung nach: Die Einfuhr betrug 1966 122,1 Mio DM, für 1967 dagegen nur noch 63,9 Mio DM. Die Ausfuhr blieb mit ungefähr 50 Mio DM konstant.[28]

Die Entschließung 253 des Sicherheitsrats vom 29. Mai 1968[29] wurde umgehend im Bundesanzeiger veröffentlicht[30], und die Bundesregierung setzte deren Bestimmungen in entsprechende Verordnungen für die Bundesrepublik um.[31] Für 1968 ließ sich eine weitere Senkung der deutschen Direktimporte erzielen, in den ersten zehn Monaten wurde für 6,24 Mio DM importiert, doch wies die Ausfuhr nach Rhodesien dafür eine Steigerung von 46,3 Mio DM auf 53,5 Mio DM auf.[32] Und offen sprach die deutsche Presse über die Wege, auf denen sich die Sanktionsverfügungen umgehen ließen.[33] Dieser deutsche Rhodesienhandel, der im Bericht des Sanktionsausschusses des Sicherheitsrats hoch fungierte, wurde Gegenstand eines heftigen Angriffs des sowjetischen Delegierten in der Sicherheitsratsdebatte vom Juni 1969, gegen den sich die Bundesregierung verteidigen mußte, ohne positive Aufnahme für ihre Argumente zu finden.[34]

Als die Umwandlung Rhodesiens in eine Republik im März 1970 die Frage akut werden ließ, welchen Status die noch aus der Zeit vor 1965 bestehenden diplomatischen Vertretungen anderer Staaten hätten, stand die Bundesrepublik vor der Frage, was mit ihrem Generalkonsulat in Salisbury und dem Wahlkonsulat in Bulawayo geschehen sollte, wenn sie diese nicht bei der Regierung der Republik akkreditieren und damit die neue Republik anerkennen wollte.[35] Während Australien, Kanada, Finnland, Japan, Schweden und die Türkei die Vertretungen sofort mit Ausrufung der Republik schlossen, beriefen die Bundesrepublik und die Schweiz die Konsularbeamten zurück, beließen aber zunächst die Vertretungen mit nichtkonsularischem Personal besetzt, Dänemark und Belgien ersetzten das diplomatische Personal durch Honorarkonsuln. Frankreich, Italien, die Niederlande und die USA ließen ihre Vertretungen bestehen, beriefen allerdings einen Teil des Personals ab.[36] Betreut wurden durch die Vertretung der Bundesrepublik rund 1500 in Rhodesien lebende deutsche Staatsbürger und Deutschstämmige, zum Teil Empfänger von Wiedergutmachungsleistungen.

Nachdem das amerikanische, niederländische und italienische Konsulat geschlossen worden waren, löste dann am 12. März 1970 auch die Bundesregierung ihre Vertretung auf, und damit blieb Bonn konform mit britischen Wünschen wie Beschlüssen der Vereinten Nationen.[37] Die Erklärungen zu diesem Schritt wurden verbunden mit Hinweisen darauf, daß seit 1965 der deutsche Rhodesienhandel um 90 % geschrumpft sei. Dennoch blieb die Bundesregierung an prominenter Stelle genannt unter den Sanktionsbrechern — so z. B. im Bericht des Sanktionsausschusses des Commonwealth vom Oktober 1971.[38] Auch ließen die verantwortlichen deutschen Stellen 1972 eine rhodesische Nationalmannschaft für die Olympischen Spiele in München anreisen, deren Auftreten erst nach massivem Protest von afrikanischer Seite unterbunden wurde.[39] Und die offen geäußerte Unterstützung für die rhodesischen Sportler in der deutschen Öffentlichkeit nährte den afrikanischen Verdacht, daß hinter dem Vorgang keine „technische Panne", sondern eine politische Unterstützungsabsicht steckte.

Keine Zweifel ließ die Bundesregierung an ihrer Sanktionstreue zu. Die Entschließung 333 (1973) des Weltsicherheitsrats, die Bestrafung für geschäftliche Betätigung mit Rhodesien, Verbot für Versicherungen im Rhodesiengeschäft und ähnliche Sanktionsverschärfungen vorsah, wurde wieder im Bundesanzeiger veröffentlicht, und entsprechende Verordnungen wurden erlassen.[40] Damit war ein vollständiges Wirtschaftsembargo für die Beziehungen der Bundesrepublik zu Rhodesien verfügt.

Im Einvernehmen mit Geschäftsleuten vieler Nationen und unter Ausnutzung von Unterstützung durch die portugiesische Kolonialverwaltung in Mosambik, durch die südafrikanische Regierung wie andere südafrikanische Institutionen durchbrach die deutsche Privatwirtschaft dieses Wirtschaftsembargo jedoch im großen Umfang[41], so daß nach dem Beitritt zu den Vereinten Nationen die Bundesrepublik 1974 vor den Sanktionsausschuß geladen wurde, um detaillierte Informationen über bestimmte Transaktionen mit Rhodesien zu geben.[42] Diese Vorladung veranlaßte schließlich die Regierung in Bonn, einen interministeriellen Ausschuß einzusetzen, der sich um deutsche Maßnahmen zur Einhaltung der Sanktionsbeschlüsse zu bemühen begann. Die Federführung wurde dem Wirtschaftsministerium übertragen.[43] Dieser Schritt deutet auf eine Umorientierung in der Rhodesienfrage hin, da erstmals ein Instrument geschaffen wurde, das wenigstens ansatzweise ermöglichte, die Umsetzung der erklärten Politik in praktische Maßnahmen aktiv zu versuchen. Darin hatte vor allem die Ursache für den offenen Widerspruch zwischen Anspruch und Wirklichkeit in der deutschen Rhodesienpolitik gelegen, daß die außenpolitische Deklaration nicht umgesetzt wurde bzw. die Umsetzung rein formal blieb. Sicher ist es Schwäche einer Außenpolitik, wenn sie isoliert bleibt vom gesellschaftlichen Geschehen, doch geht dies eher zu Lasten der Gesellschaft als der Außenbürokratie. Und in bezug darauf muß festgestellt werden, daß für die innerdeutsche Politik und Öffentlichkeit Rhodesien kein Problem war, sondern sich dafür überwiegend nur diejenigen interessierten, die wirtschaftliche Interessen in den Beziehungen zu Rhodesien verfolgten. Kennzeichnend für diese Situation ist auch, daß Grundsatzerklärungen der Bundesregierung zum Rhodesienproblem im Rahmen der Afrikapolitik oder speziell zur Rhodesienpolitik kaum vorhanden sind.

Eine der seltenen grundlegenden Stellungnahmen gab der damalige Außenminister und spätere Kanzler Brandt 1968 vor afrikanischen Botschaftern in Bonn ab.[44] Im Zusammenhang mit Rhodesien sagte Brandt: „Die Politik der Bundesregierung gegenüber Afrika folgt den Prinzipien der Charta der Vereinten Nationen. Wir bekennen uns zum Prinzip der Selbstbestimmung und lehnen jede Rassentrennung und Rassendiskriminierung ab. Deshalb hat sich die Bundesregierung auch dem Beschluß des Sicherheitsrats der Vereinten Nationen von 1966 über die Handelsbeziehungen zu Südrhodesien angeschlossen, wodurch sich unsere Einfuhren 1967 bereits halbiert hatten. Auch sind wir 1967 dem Übereinkommen zur Beseitigung jeder Form von Rassendiskriminierung beigetreten. In dieser Frage gibt es für uns keinerlei Zweideutigkeit." Diese Grundsätze sind das, was die afrikanischen Staaten von der Bundesrepublik erwarteten, doch fuhr Brandt fort: „Lassen Sie mich hier auch in allem Freimut ein Wort zu unseren Wirtschaftsbeziehungen mit Südafrika und den portugiesischen Gebieten sagen: Diese Wirtschaftsbeziehungen haben eine lange Tradition. Wir hatten keinen Anlaß, mit dieser Tradition plötzlich und einseitig zu brechen, zumal wir als ein auf Export angewiesener Industriestaat auch die Interessen unserer Wirtschaft wahren müssen. Wir haben außerdem seit langem die Erfahrung gewonnen, daß man Handel und Politik nicht ohne Not koppeln soll. Deshalb sind wir für den Ausbau der Wirtschaftsbeziehungen selbst zu solchen Staaten, mit denen wir erhebliche politische Kontroversen haben." Und in dieser Haltung, die zwar nicht direkt in bezug auf Rhodesien vertreten wurde, jedoch die ökonomische Zusammenarbeit mit den engsten Kollaborateuren des Regime Ian Smith propagiert, enttäuschte die deutsche Außenpolitik die Erwartungen Schwarzafrikas bereits; vollends unglaubwürdig wurde die moralische Grundposition in afrikanischen Augen durch die Fülle der Beziehungen, die unterhalb der offiziellen Außenpolitik von deutschen Institutionen gepflegt wurden und die für das isolierte Rhodesien von großer Bedeutung waren. Daß diese Beziehungen in ganz erheblichem Umfang in fast natürlich hingestelltem Zusammenhang mit deutschsüdafrikanischen Beziehungen sich vollzogen, machte den Vorgang jedenfalls aus afrikanischer Sicht keineswegs akzeptabler.[45]

2.2 Die „inoffiziellen" deutsch-rhodesischen Beziehungen 1965—1974

Im Gegensatz zur Regierung in Bonn war in den betroffenen Interessengruppen keine Zustimmung zur britischen und internationalen Sanktionspolitik vorhanden, sondern sie wurde offen abgelehnt und zum Teil wurde aktive Hilfe für Rhodesien zur Umgehung der Sanktionen geleistet.

Klaus Natorp kommentiert z. B. in der Frankfurter Allgemeinen unter dem Titel: „Die Sanktionen haben versagt"[46] in recht typischer Weise: „Den Sanktionskrieg habe Rhodesien gewonnen, triumphierte dieser Tage Ministerpräsident Ian Smith. Man muß ihm recht geben. ... Es besteht kein Zweifel, daß sich Großbritannien durch die Sanktionspolitik mehr geschadet hat, als daß diese Rhodesien Abbruch getan hätte." Und das Handelsblatt beschrieb im gleichen Tenor: „Unsinnige Rhodesien-Sanktionen"[47], auch dieser Kommentar stellt mit dem Unterton tiefer Befriedigung das Scheitern der Sanktionspolitik fest. Offen wird davon berichtet, daß über Südafrika und Mosambik deutsche Firmen wie Volkswagen und Daimler-Benz nach wie vor gute Geschäfte mit Rhodesien machen. Hans Germani stellt in der „Welt" fest[48]: „... hat gerade die Bundesrepublik Deutschland seit 1965 die britische Rhodesien-Politik mit großer Eilfertigkeit zum Nachteil der eigenen Wirtschaft unterstützt. Andere Staaten haben sich flexibler verhalten. Südafrika, Portugal aber auch schwarze Staaten in Afrika — so Malawi — brechen die Sanktionen gegen Rhodesien ganz offiziell." Wenn in einflußreichen Blättern wie diesen offen zum Bruch der Sanktionen aufgefordert wird, während ähnlich namhafte und verbreitete Zeitungen mit dem Appell zur Unterstützung der Sanktionen nicht vorhanden sind, wird es nicht verwundern, daß wieder und wieder deutsche Unternehmen sich im, auch in der Bundesrepublik für ungesetzlich erklärten, Rhodesiengeschäft betätigen.[49] Regelmäßige Lieferungen von Volkswagen und Mercedes erfolgten noch gegen Ende 1967 über Beira in Mosambik.[50] Anfang 1968 wurde auf dem Schiff einer Hamburger Reederei in Marokko eine Ladung rhodesischen Tabaks beschlagnahmt.[51] Deutsche Stahlfirmen wurden 1969 und später genannt als Aufkäufer rhodesischen Chromerzes.[52] Auf der ersten Liste von Blockadebrechern, die der Sanktionsausschuß des Sicherheitsrats 1973 veröffentlichte, war auch eine Bremer Reederei genannt, und die Bundesregierung wurde aufgefordert, die Einhaltung der Sanktionsbeschlüsse für ihren Hoheitsbereich durchzusetzen.[53] Nach der Schließung britischer Automontagewerke, die wegen fehlender Zulieferungen die Arbeit einstellten, wurde eine BMW-Montagewerkstatt bei Salisbury aufgebaut.[54] In einer Anfang 1973 vom britischen Außenministerium aufgestellten Liste mit 138 Blockadebrechern waren nach einem Bericht des „Spiegel" vierzig deutsche Firmen verzeichnet, zum größeren Teil angesehene, große Unternehmen aus Handel, Industrie und Transport.[55] Das Telegraphenamt in Bulawayo wurde 1973 mit technischen Anlagen von Siemens ausgestattet.[56] Mit einer Note vom 3. Mai 1974 machte das Generalsekretariat der Vereinten Nationen die Bundesregierung darauf aufmerksam, daß die Lufthansa in vertraglich festgelegter Zusammenarbeit mit „Air Rhodesia" stehe und diese Zusammenarbeit im Personen- und Frachtverkehr einen Verstoß gegen die Sanktionen darstelle.[57] An die rhodesische Luftfahrtgesellschaft wurden aus der Bundesrepublik drei Boeing 707 geliefert, und noch 1973 landeten häufig rhodesische Flugzeuge auf deutschen Flughäfen.[58]

Im Zusammenhang mit bedeutenden Erweiterungsvorhaben der rhodesischen Stahlwerke (RISCO) wurden neben Firmen aus Südafrika, Bermuda, Österreich und der Schweiz auch die Deutsche Bank, das Neunkirchner Eisenwerk sowie Klöckner & Co. als Beteiligte genannt.[59] Noch 1976 werden Rhodesien-Aufenthalte von deutschen Touristik-Unternehmen angeboten, wenn auch meist als Bestandteil von Südafrika-Rundreisen.[60] Auf der gleichen Linie prorhodesischen wirtschaftlichen Engagements liegen weitere, zum Teil aufsehenerregende Vorgänge wie der Druck rhodesischen Notengeldes in der Bundesrepublik oder der Ankauf rhodesischen Tabaks durch deutsche Zigarettenfabriken.[61]

Gegen die Sanktionspolitik der Regierung setzten sich die betroffenen Wirtschaftskreise zur Wehr: Mit Professorengutachten[62], Androhung von Entschädigungsforderungen, drohender Entlassung von Arbeitskräften und Hinweisen auf Schädigung auch des Südafrikageschäfts.[63] Als Erfolg konnten die Wirtschaftsinteressen für sich buchen, daß die Abwicklung bestehender Verträge über Abnahme rhodesischer Waren oder Lieferungen aus der Bundesrepublik nach Rhodesien von dem deutschen Embargobeschluß ausgenommen wurde.[64] Von rhodesischer und südafrikanischer Seite wurde das als entscheidende Schlappe für die

Sanktionspolitik der Vereinten Nationen gefeiert[65], von afrikanischen Diplomaten aus eben dem gleichen Grunde heftig kritisiert.[66] Zwar liefen auch diese Möglichkeiten zur legalen Fortsetzung des Rhodesiengeschäfts nur für eine begrenzte Zeit, doch waren sie für die Wirtschaft in Rhodesien im entscheidenden Moment eine wesentliche Hilfe.

Nach amtlicher Auskunft sank der deutsche Rhodesienhandel von 1965 auf 1973 beim Import von 140 Mio DM auf 2 Mio DM, beim Export von 50 Mio DM auf 5 Mio DM.[67] Dieser Prozeß verlief jedoch keineswegs gradlinig, sondern selbst im direkten Warenverkehr sind aus veröffentlichten Angaben mindestens zeitweise Steigerungen des Austauschs über das Niveau von vor 1965 hinaus feststellbar[68], und als sehr stark zunehmend galt der rhodesische Schleichhandel mit der Bundesrepublik.[69]

Die Beziehungen aus der Bundesrepublik zu Rhodesien beschränkten sich jedoch keineswegs auf die Wirtschaft. Verschiedentlich besuchten prominente Politiker aus der CDU/CSU die Rebellenrepublik und ließen sich mit positiven Meinungen über deren Politik wie über die deutsch-rhodesische Zusammenarbeit vernehmen; als Beispiele seien genannt F.-J. Strauß und der CDU-Abgeordnete Dichgans.[70] Erst nach massiven Protesten der afrikanischen Nationen wurde gegen viele deutsche Stimmen das Auftreten einer rhodesischen Nationalmannschaft auf den von der Bundesrepublik ausgerichteten Olympischen Spielen verhindert.[71] Die deutsche Hockey-Goldmedaillenmannschaft unternahm eine Tournee durch Rhodesien.[72] Intensiv und nicht ohne Erfolg wurden in der Bundesrepublik Auswanderer nach Rhodesien geworben.[73] Sogar zu Söldneranwerbungen aus der Bundesrepublik kam es um die Jahreswende 1974/75; der deutsche Anwerber, Oberstleutnant E. A. D. Thelen, wurde allerdings verhaftet und zu zwölf Monaten Gefängnis verurteilt.[74]

Bei der Dichte der Beziehungen verwundert es nicht, daß es 1968 auch zur Gründung einer Deutsch-Rhodesischen Gesellschaft kam, die Mitte 1972 ins Vereinsregister eingetragen wurde mit folgender Zielsetzung: „Der Verein verfolgt den Zweck der Pflege der deutsch-rhodesischen Freundschaft. Zur Erfüllung dieser Aufgabe will er namentlich die allgemeinen menschlichen Beziehungen fördern und zum tieferen Verständnis von Geschichte, Natur und Gegenwartsproblemen Rhodesiens betreffende Veranstaltungen durchführen. Außerdem fördert er die Einwanderung nach Rhodesien."[75] Der Vereinspräsident gab die Rhodesische Rundschau heraus, und sein Referent für Öffentlichkeitsarbeit bot sich als Auswandererberater nach Rhodesien an.

An die Sympathien konservativer Kreise in der Bundesrepublik appellierten die in deutscher Sprache u. a. mit südafrikanischer Hilfe recht breit gestreuten Informationsmaterialien der Regierung Smith. Hauptorgane sind der „Rhodesische Kommentar" und die „Rhodesische Szene", ersteres monatlich, letzteres jährlich herausgegeben vom rhodesischen Informationsministerium. Daneben werden Einzelveröffentlichungen wie z. B. „Zambezi — Red Frontier" verteilt, in dem Rhodesien als Bollwerk gegen die rote Flut in Afrika posiert.[76] Aktionen wie die von Thelen zeigen, daß diese Ansprache nicht ohne Echo blieb, und die recht klare prorhodesische Stellungnahme von nicht unwesentlichen, vielfältig mit Entscheidungsträgern verbundenen gesellschaftlichen Gruppierungen in der Bundesrepublik mußte vor allem deswegen die Haltung der Regierung beeinflussen, weil entsprechende pro-afrikanische Stellungnahmen nicht oder nur sporadisch und am Rande vorhanden waren.

Das aus der Bewegung der außerparlamentarischen Opposition der späten sechziger Jahre erwachsende Dritte-Welt-Interesse wandte sich auch Rhodesien zu: Aus der Arbeit des Komitees Südliches Afrika in Heidelberg erwuchsen Veröffentlichungen zu Zimbabwe[77], und aus ähnlicher Orientierung entstand auch die kritische Rhodesienmonographie von B. Decke und A. Tüllmann.[78] Mehr oder minder regelmäßig erscheinen seit Anfang der siebziger Jahre Berichte zum Rhodesienproblem aus proafrikanischer Sicht in „afrika heute" (Bonn), „Entwicklungspolitische Korrespondenz" (Hamburg), „epd-Entwicklungspolitik" (Frankfurt/Main) und den Organen des Informationszentrums Dritte Welt in Freiburg sowie des Arbeitskreises Afrika in Bielefeld und ähnlichen Dritte-Welt-Publikationen, die meist als regierungsfern und z. T. sogar als regierungsfeindlich zu bezeichnen sind. Ursprünglich regierungsnahe war die Zeitschrift „afrika heute", das Organ der Deutschen Afrika-Gesellschaft, doch mußte diese Anfang 1975 nach der Streichung der Zuschüsse aus dem Auswärtigen Amt die Arbeit einstellen.[79] Nicht eindeutig an der linken Peripherie des politischen Spektrums der Bundesrepublik anzusiedeln sind die kirchlichen Gruppen und Organe, die sich proafrikanisch mit dem Problem Rhodesien/Zimbabwe befassen. Genannt wurden bereits die „Entwicklungspolitische Korrespondenz" und „epd-Entwicklungspolitik", hierher gehört auch die Informationsstelle Südliches Afrika in Bonn[80], die seit ihrer Gründung 1971 sich mit Rhodesien befaßte und zeitweise von der Evangelischen Kirche Deutschlands, teilweise auch aus dem Antirassismus-Programm der Ökumene finanziert wurde und wird. Auf katholischer Seite befaßte sich der Arbeitskreis Entwicklung und Frieden (die deutsche Kommission Justitia et Pax) ebenfalls mit dem Rhodesienproblem, allerdings bisher weniger prononziert als die EKD.[81] Auch in ihrer Seminararbeit nahmen die beiden Kirchen die Rhodesien-Thematik auf.[82] Direkte unterstützende Aktionen für die Befreiungsbewegungen von Zimbabwe mit Geldsammlungen und öffentlichen Ansprachen der führenden afrikanischen Politiker wurden in größerem Umfang organisiert vom Kommunistischen Bund und ähnlichen Gruppen, deren aktive Mitglieder vom Staat als verfassungsfeindlich angesehen werden und die ihrerseits die etablierten Parteien und die Regierung in Bonn heftig ablehnen.[83] Sowohl als Gegengewicht zur prorhodesischen Einflußnahme konservativer Kreise auf die Regierung in Bonn wie als Vermittler für die afrikanischen Nationalisten von

Zimbabwe zur deutschen Regierung kommen die genannten innerdeutschen Gruppen kaum in Frage. Damit ergibt sich die Situation, daß die Regierung in Bonn antirhodesischem Druck aus der Außenpolitik ausgesetzt war, dem eher prorhodesischer Druck aus der inneren deutschen Politik entgegenstand. Mindestens bis in den Beginn der siebziger Jahre lavierte die Regierung in Bonn zwischen beiden Einflüssen, und erst in jüngerer Zeit sprechen Anzeichen dafür, daß Entscheidungen für eine längerfristigere Politik im Rhodesienkonflikt gesucht werden.

3. Entscheidungen für eine neue Afrikapolitik Bonns nach 1974?

Sicher kann die Bundesregierung nicht verantwortlich gemacht werden für sanktionsbrechende Aktivitäten privater deutscher Firmen oder verantwortungslos handelnder Individuen wie der Gründer der deutschen Rhodesien-Gesellschaft bzw. des Söldneranwerbers Thelen. Die afrikanischen Reaktionen auf die weißen Angola-Söldner und die Belastungen für die Beziehungen des heutigen Angola zu den Herkunftsländern der Söldner sind wohl genug Warnung dafür, welchen Schaden jede derartige Aktion verursacht. An dem Bemühen mindestens des Auswärtigen Amtes, mit Rücksicht auf die deutsch-britischen Beziehungen und mit Rücksicht auf die Position der Bundesrepublik in den Vereinten Nationen die Sanktionspolitik gegen Rhodesien zu unterstützen, braucht nicht ernsthaft gezweifelt zu werden, die Umsetzung neuer internationaler Sanktionsmaßnahmen in deutsche Verordnungen erfolgte in jedem Fall und ohne nennenswerte Verzögerungen. Unglaubwürdig wurde die deutsche Sanktionspolitik in ihrer mangelnden Effizienz. Um die offizielle Sanktionspolitik durchzusetzen, bedarf es vor allem einer kritischen Öffentlichkeit, die Sanktionsbrüche aufdecken hilft und sie zum Skandal macht. Und hieran mangelte es weitgehend. Häufiger als Partner amtlicher Stellen auftretende Institutionen wie die Deutsch-Südafrikanische Handelskammer und andere Einrichtungen, die zudem teilweise zweckgebundene Zuschüsse aus öffentlichen Mitteln erhalten, konnten vielmehr als Berater für Sanktionsumgehungen, d. h. illegale Geschäfte, öffentlich genannt werden, ohne daß irgendeine negative Wirkung feststellbar war.[84] In die gleiche Richtung wirkt die Mißachtung der Regierungspolitik durch prominente Politiker der Opposition wie etwa F.-J. Strauß, der u. a. auch Rhodesien bereiste. Mangelnde Umsetzung der politischen Grundposition, die im Fall Rhodesien auch auf mangelnde öffentliche Mithilfe zurückzuführen ist, erscheint dann nach leeren Deklarationen leicht als fehlender Wille zum Handeln. Die späte Gründung des interministeriellen Ausschusses für die Rhodesiensanktionen[85] oder der fehlende Sondereinsatz der Zollfahndung gegen international längst erkannte Praktiken des Sanktionsbruchs und ebenfalls benannte deutsche Beteiligte[86] können natürlich gedeutet werden als für den Fall Rhodesien spezifische Politik bewußter

Täuschung, doch liegt eigentlich sehr viel näher, an bürokratische Ineffizienz und institutionelle Schwäche der Regierung gegenüber der privaten Wirtschaft zu denken.

Auf Informationen von außen und von innen hat mindestens in den letzten drei Jahren die Bundesregierung auch im Einzelfall wirksam gehandelt bzw. die ordentlichen Gerichte befaßt. Die Söldnerwerbung wurde unterbunden. In jüngster Zeit wurde Druck auf Touristikunternehmen ausgeübt, Reisen nach Rhodesien aus dem Programm zu nehmen.[87] Bekannt gewordene Fälle von Rhodesiengeschäften wurden verfolgt und bei Nachweis bestraft.[88] Die Bundesregierung arbeitet intensiv mit dem Sanktionsausschuß des Sicherheitsrats zusammen und kann in der Aufnahme von dort angesprochenen Fällen konkrete Ergebnisse vorweisen.[89] Wenn auch im wesentlichen durch Anfragen einiger weniger Abgeordneter der SPD und FDP ist Rhodesien seit 1973 zunehmend auch zum Thema im Deutschen Bundestag geworden.[90] Gemeinsam mit den USA legt auch die Bundesregierung der Regierung Vorster in Südafrika nahe, an der Ablösung des Regimes Smith in Rhodesien durch eine afrikanische Mehrheitsregierung mitzuarbeiten. – An den Initiativen der Europäischen Gemeinschaft zur Unterstützung in Höhe von 30 Mio Dollar für Zaire, Sambia und Botswana als Ausgleich für Folgen von Sanktionsmaßnahmen gegen Rhodesien bzw. Konsequenzen des Krieges in Angola[91] sowie an der Grundsatzerklärung der EG-Außenminister zum südlichen Afrika hat sich offenbar die Bundesregierung aktiv beteiligt.

Diese Zeichen deuten darauf hin, daß die Bundesregierung sich nicht nur bemüht, guten Willen gegenüber außenpolitischen Partnern in Rhodesienfragen zu zeigen, sondern heute auch konkret handelt, um der Politik wirtschaftlicher und anderer Sanktionen zur Beendigung des Konflikts um Rhodesien/Zimbabwe zum Erfolg zu verhelfen. Diese Zeichen deuten auch darauf hin, daß die Bundesrepublik nicht mehr in der Rolle eines heimlichen Komplizen gesehen werden möchte. Abgesehen von einem flüchtig bleibenden Kontakt Ende 1975 zu dem Vorsitzenden des Afrikanischen Nationalrats (ANC), Bischof Abel Muzorewa[92], ist jedoch bisher kein Ansatz positiver Zusammenarbeit mit den afrikanischen Nationalisten von Zimbabwe gefunden worden. Bei allem Verständnis für die Schwierigkeiten, sich angesichts der internen Auseinandersetzungen innerhalb des afrikanischen Nationalismus von Zimbabwe für einen Partner zu entscheiden, darf doch nicht übersehen werden, daß eine Grundlage für solche Zusammenarbeit und konkrete Aufgaben gefunden werden müßten, wenn Beziehungen zu einem künftigen Staat Zimbabwe jetzt aufgebaut werden sollen. Die Situation der Bundesrepublik gegenüber Mosambik und Angola wiederum beweist klar, daß erst nach dem Sieg der Befreiungsbewegungen angebahnte Beziehungen sich gerade dann schwer positiv gestalten lassen, wenn vorher deutsche Öffentlichkeit und Regierung den Gegner des afrikanischen Nationalismus stützten bzw. sich mindestens nicht gegen diesen stellten.

ANMERKUNGEN

[1] Frankfurter Allgemeine, 12. Nov. 1965; Die Welt, 12. Nov. 1965; The Times, 12. Nov. 1965.
[2] Die Welt, 12. u. 22. Nov. 1965.
[3] S. z. B. Ausschnittsmappen Rhodesien für den Zeitraum Ende 1965 im HWWA.
[4] Die Welt, 12. Nov. 1965.
[5] Zitiert nach Neues Deutschland, 14. Nov. 1965.
[6] Handelsblatt, 24. Nov., 30. Nov., 6. Dez. u. 14. Dez. 1965; Frankfurter Allgemeine, 30. Nov., 4. Dez. u. 13. Dez. 1965; Industriekurier, 4. Dez. u. 16. Dez. 1965; Vorwärts, 1. Dez. 1965.
[7] Die Zeit, 19. Nov. 1965; s. a. Neue Zürcher Zeitung, 12. Nov. 1965.
[8] Handelsblatt, 11. Febr. 1966.
[9] Handelsblatt, 20. Dez. 1965; Blick durch die Wirtschaft, 8. Febr. 1966.
[10] The Guardian, 28. Dez. 1965; Daily Express, 7. Febr. 1966; Blick durch die Wirtschaft, 8. Febr. 1966; Handelsblatt, 11. Febr. 1966.
[11] Handelsblatt, 11. Febr. 1966.
[12] Handelsblatt, 11. Febr. u. 21. Febr. 1966.
[13] Frankfurter Allgemeine, 17. Febr. 1966.
[14] Industriekurier, 26. Febr. 1966; Die Welt, 31. März 1966.
[15] Die Welt, 31. März 1966.
[16] Industriekurier, 7. April 1966.
[17] Frankfurter Allgemeine, 13. Nov. 1965.
[18] Handelsblatt, 19. Dez. 1966.
[19] Die Welt, 23. April 1966; Handelsblatt, 23. u. 24. Mai 1966; Industriekurier, 28. Dez. 1966.
[20] S/Res/232 (1966), Dok. 18. in: Die Vereinten Nationen und Südrhodesien, UN-Texte 20, Bonn 1975, S. 25 f.
[21] Handelsblatt, 22. Jan. 1966; Frankfurter Allgemeine, 21. Dez. 1966; Industriekurier, 22. Dez. 1966.
[22] Industriekurier, 28. Dez. 1966; Handelsblatt, 16. u. 17. Febr. 1967; s. a. Zehnte Verordnung zur Änderung der Außenwirtschaftsverordnung vom 14. Febr. 1967, Drucksache V/1456 im Dt. Bundestag und Veröffentlichung der Resolution der UN im Bundesanzeiger Nr. 244 v. 30. Dez. 1966.
[23] Frankfurter Allgemeine, 2. Jan. 1967.
[24] Handelsblatt, 22. Dez. 1966; Die Welt, 7. Jan. u. 11. Jan. 1967; Blick durch die Wirtschaft, 11. Febr. 1967.
[25] Handelsblatt, 23. Febr. 1967.
[26] Financial Times, 23. Febr. 1967.
[27] Handelsblatt, 23. Febr. 1967.
[28] Industriekurier, 25. April u. 14. Nov. 1965.
[29] S/Res/253 (1968), Dok. 19 in: Die Vereinten Nationen und Südrhodesien, a.a.O., S. 27 ff.
[30] Nr. 117 vom 28. 6. 1968.
[31] Industriekurier, 14. Nov. 1968.
[32] Handelsblatt, 7. Jan. 1969.
[33] Industriekurier, 14. Nov. 1968; Handelsblatt, 7. Jan. 1969.
[34] Frankfurter Allgemeine, 26. Juni 1969; Die Zeit, 27. Juni 1969.
[35] Handelsblatt, 3. März 1970; Frankfurter Allgemeine, 10. März 1970.
[36] Neue Zürcher Zeitung, 4. März 1970.

³⁷ Bundesanzeiger, 25. März 1970; Internat. Herald Tribune, 13. März 1970.
³⁸ Financial Times, 20. Okt. 1971.
³⁹ Financial Times, 22. Aug. 1972; s.a. G. Arnold u. A. Baldwin: Token Sanctions or Total Economic Warfare, London 1972, S. 23.
⁴⁰ Bundesanzeiger Nr. 187 vom 4. Okt. 1973; Nachrichten für Außenhandel, 14. Jan. 1974; Runderlaß Außenwirtschaft Nr. 39/73 vom 26. 9. 1973.
⁴¹ Süddeutsche Zeitung, 21. Jan. 1974; Neue Zürcher Zeitung, 12. Febr. 1974.
⁴² Neue Zürcher Zeitung, 4. u. 24. Mai 1974.
⁴³ Nachrichten für den Außenhandel, 7. Aug. 1974.
⁴⁴ Veröffentlicht vom Presse- und Informationsamt der Bundesregierung, Bonn, 16. Mai 1968.
⁴⁵ Zur deutschen Südafrikapolitik s. R. Rode: Die Südafrikapolitik der Bundesrepublik Deutschland 1968—1972, Mainz/München 1975; zur Bewertung in der afrikanischen Politik s. F. Ansprenger: Die Befreiungspolitik der Organisation für Afrikanische Einheit (OAU) 1963 bis 1975, Mainz/München 1975.
⁴⁶ Frankfurter Allgemeine, 19. Sept. 1967.
⁴⁷ Handelsblatt, 20. Sept. 1967.
⁴⁸ Die Handelssperre gegen Rhodesien hat viele Lücken, Die Welt, 16. Okt. 1967.
⁴⁹ Zusammenfassende Darstellungen s. B. Decke u. A. Tüllmann: betrifft: Rhodesien, Frankfurt/Main 1974, S. 86 ff.; R. Spilker: Bonn und die Sanktionen, in: afrika heute, Jan.—Febr. 1974; Der Spiegel, 16. Juli 1973; H. von Löwis of Menar: Die deutschen Interessen im südlichen Afrika, in: H.-P. Schwarz (Hrsg.): Handbuch der deutschen Außenpolitik, München 1975.
⁵⁰ Handelsblatt, 20. Sept. 1967.
⁵¹ Frankfurter Allgemeine, 13. Febr. 1968.
⁵² Die Zeit, 11. Juli 1969; Guardian, 25. Aug. 1971, 28. Febr. 1973.
⁵³ Frankfurter Allgemeine, 1. März 1973; Frankfurter Rundschau, 28. Febr. 1973.
⁵⁴ Guardian, 21. Aug. 1970; R. Spilker, a.a.O.; Süddeutsche Zeitung, 21. Jan. 1974.
⁵⁵ Der Spiegel, 16. Juli 1973.
⁵⁶ Anfrage L. von Bothmer (SPD), 24. April 1974, Dt. Bundestag, 94. Sitzung, 7. Wahlperiode.
⁵⁷ Report of the Special Committee ... (24-er Ausschuß) covering its work during 1975, chapter IX: Southern Rhodesia, GAOR, 13th Session, Suppl. 23, UN Doc. A/10023/Add. 2, S. 38 ff. und persönliche Informationen an den Verfasser.
⁵⁸ R. Spilker, a.a.O.
⁵⁹ Special Report of the Security Council Committee Established in Pursuance of Resolution 253 (1968) Concerning the Question of Southern Rhodesia on External Participation in the Expansion of the Rhodesian Iron and Steel Company, Ltd., SCOR, 13th year, special supplement No. 3, New York 1975.
⁶⁰ Eighth Report of the Security Council Committee ... Concerning the Question of Southern Rhodesia UN Doc. S/11927, New York 1976, S. 18 ff.; B. Decke u. A. Tüllmann, a.a.O., S. 88, Airtours Prospekt: Südafrika ist ein einziges Abenteuer, gültig bis Nov. 1976; Sommer-Prospekt 1976 von Neckermann-Reisen.
⁶¹ B. Decke u. A. Tüllmann, a.a.O., S. 86 f.
⁶² Industriekurier, 25. April 1968.
⁶³ Die Welt, 7. Jan. u. 11. Jan. 1967; Handelsblatt, 28. Juli 1967.
⁶⁴ Handelsblatt, 17. Febr., 23. Febr., 28. Juli 1967.
⁶⁵ Die Welt, 3. Febr. 1967; Blick durch die Wirtschaft, 11. Febr. 1967; The Star, Johannesburg, 4. Febr. 1967.
⁶⁶ Handelsblatt, 23. Febr. 1967.

[67] Antwort Grüner, Parl. Staatssekretär beim Bundesministerium für Wirtschaft auf Anfrage L. von Bothmer (SPD), 24. April 1974, 94. Sitzung, 7. Wahlperiode.
[68] Handelsblatt, 7. Jan. 1969, 28. Juli 1967.
[69] Bericht über Kritik der konservativen Abgeordneten Bruce-Cardyne an der Sanktionspolitik im britischen Unterhaus, Neue Zürcher Zeitung, 4. Juni 1967.
[70] R. Spilker, a.a.O.
[71] Financial Times, 22. Aug. 1972; G. Arnold u. A. Baldwin: Token Sanctions or Total Economic Warfare, London 1972, S. 23. Die diesbezüglichen Entscheidungen lagen allerdings nicht so sehr in der Kompetenz der Bundesregierung, sondern vielmehr in der des Internationalen Olympischen Komitees (IOC).
[72] C. Legum (Hrsg.): Africa Contemporary Record 1973/74, London 1974, S. B505.
[73] Berichte und Anzeigen in: Reutlinger General-Anzeiger, 5. Aug. 1974; Cannstatter Zeitung, 2. Juli 1974; Stuttgarter Wochenblatt, 18. Okt. 1974; s.a. Anfrage L. von Bothmer u. Krockert (SPD), 27. Febr. 1975, Dt. Bundestag, 152. Sitzung, 7. Wahlperiode.
[74] Süddeutsche Zeitung, 16. Jan., 29. Jan. 1975; Anzeige, Die Welt, 14. Jan. 1974; Anfragen Schinzel u. Schlaga (SPD), 19. Febr. 1975, Dt. Bundestag, 148. Sitzung, 7. Wahlperiode; Eighth Report of the Security Council Committee ... Concerning the Question of Southern Rhodesia, UN-Doc. S/11927, New York 1976, S. 18.
[75] Kopie der Satzung im Besitz des Verfassers.
[76] Zambezi-Red Frontier, prepared and published by the Ministry of Information, Salisbury, Oct. 1968. Sammlungen solcher Materialien liegen z.B. vor bei der Informationsstelle Südliches Afrika, Bonn, und beim Afrika-Verein, Hamburg.
[77] Z.B. Freiheit für Zimbabwe, in: nationale befreiung 5, Heidelberg 1974.
[78] Bettina Decke und Abisag Tüllmann: betrifft: Rhodesien — Unterdrückung und Widerstand in einer Siedlerkolonie, Frankfurt/Main 1974.
[79] s. R. Rode, a.a.O., S. 124 ff.
[80] ebda., S. 122 ff.
[81] Pressemitteilung des KAEF vom 4. Okt. 1974: Bischof Lamont informiert über die Situation in Rhodesien.
[82] Z.B. Tagung Rhodesien/Zimbabwe aktuell, Akademie Bad Boll, 21.—23. Mai 1976; Die Kirchen und die Zukunft von Zimbabwe/Rhodesien, Thomas-Morus-Akademie Bensberg, 11./12. Okt. 1976.
[83] afrika information des Afrika-Komitees Hamburg, Nr. 3, 15.3.1976; Bericht von einer Großveranstaltung des KB in Hamburg am 10. April 1976: Es lebe die afrikanische Revolution, Hamburg 1976.
[84] Für eine genauere Erörterung dieser Vorgänge vgl. u.a. die Darstellung bei R. Rode: a.a.O., S. 161, und in: Der Spiegel, 16. Juli 1973.
[85] Nachrichten für den Außenhandel, 7. Aug. 1974; Pressemitteilung Bundesministerium für Wirtschaft, 6. Aug. 1974.
[86] Fragen L. von Bothmer, Hansen, Schinzel an Bundesministerium für Wirtschaft, 24. April 1974, Dt. Bundestag, 94. Sitzung, 7. Wahlperiode; Frage L. von Bothmer an Bundesministerium für Wirtschaft, 26. Febr. 1975, Dt. Bundestag, 151. Sitzung, 7. Wahlperiode.
[87] Frankfurter Rundschau, 3. April 1976.
[88] Mit Strafen zwischen 1 000,- und 12 000,- DM wurden Rhodesiengeschäfte über Mosambik und Südafrika geahndet, Anfrage L. von Bothmer, 27. Febr. 1975, Dt. Bundestag, 152. Sitzung, 7. Wahlperiode.

[89] Eighth Report of the Security Council Committee Established in Pursuance of Resolution 253 (1968) Concerning the Question of Southern Rhodesia, UN Doc. S/11927, New York, 8. Jan. 1976, passim.

[90] S. o. Anfrage zu den Themen Sanktionen, Auswanderung, Söldnerwerbung, Lufthansa-Kooperation.

[91] Rat der EG — Generalsekretariat: Mitteilung an die Presse, 389. Tagung des Rats, Luxemburg, 5./6. April 1976.

[92] Frankfurter Rundschau, 5. Sept. 1975; Frankfurter Allgemeine, 5. Sept. 1975; General-Anzeiger (Bonn), 5. Sept. 1975.

Die Genfer Rhodesien-Konferenz

Von Ruth Weiss

Pamberi Nechimurenga – zwei Worte, die man vom 21. Oktober bis Mitte Dezember 1976 in Hotels und an Straßenecken in Genf hören konnte. Shona-Worte, als Gruß zwischen freundlichen Afrikanern, die sich – eingemummt in für sie ungewohnten Mänteln – in Genf aufhielten, Delegierte einer großen Verfassungskonferenz über die Zukunft ihres Landes, Rhodesien/Zimbabwe. Für den nicht Eingeweihten war die Vielfalt der afrikanischen Delegationen und der hinter ihnen stehenden Mächte und Interessenkoalitionen kaum zu durchschauen.

Die Bildung der afrikanischen Delegationen

1. ZAPU

Joshua Nkomo ist der bekannteste der alten politischen Führergarde. Im Jahre 1957 wurde Joshua Nkomo Präsident des *African National Congress*. Diese Partei wurde 1959 verboten und führte zu mehreren Nachfolgeparteien – der *National Democratic Party* (NDP) im Jahre 1959 und der *Zimbabwe African People's Union* (ZAPU) 1961, die nach dem Verbot der NDP gegründet wurde. Nach dem Verbot der ZAPU im Jahre 1962 folgte die Gründung des *People's Caretaker Council*. Im Jahre 1963 spalteten sich Politiker wie Pfarrer Ndabaningi Sithole sowie Robert Mugabe von der ZAPU Nkomos ab und gründeten die *Zimbabwe African National Union* (ZANU). Während Nkomo in Rhodesien inhaftiert wurde, arbeiteten seine Anhänger im Exil unter dem Namen ZAPU weiter. Die wichtigsten Exilführer waren James Chikerema und George Nyondoro sowie Enoch Ndlovo, Jason Moyo und George Silundika.

In den sechziger Jahren führte ZAPU zusammen mit dem *African National Congress* von Südafrika einen erfolglosen Guerillakrieg im Sambesital. ZAPU/ANC wurden von der Sowjetunion unterstützt. 1971 gründeten Chikerema und Nyondoro die FROLIZI *(Front for the Liberation of Zimbabwe)*, ein erfolgloser Versuch, ZAPU und ZANU zusammenzubringen. Statt dessen entwickelte sich FROLIZI als dritte kleine Partei, die bis 1974 bestand. Nkomo wurde im Zuge der Detenteverhandlungen von 1974 aus dem Gefängnis entlassen und in die sambische Hauptstadt Lusaka geflogen. Dort sollte mit Hilfe der schwarzen Anliegerstaaten eine Einigung unter den rivalisierenden Befreiungsbewegungen erreicht werden.

2. ZANU

In Lusaka traf Nkomo nicht nur mit seinen weiteren ZAPU-Vertretern und den FROLIZI-Führern zusammen, sondern auch mit Pfarrer Sithole. Ebenfalls anwesend war Bischof Abel Muzorewa. Letzterer war unerwartet und fast über Nacht eine politische Figur geworden. Im Jahre 1972 entsandte die britische Regierung eine Kommission nach Rhodesien um festzustellen, ob ein mit Smith zuvor vereinbarter Verfassungsentwurf für die schwarze Bevölkerungsmehrheit annehmbar wäre. Mit Hilfe alter ZAPU- und ZANU-Anhänger organisierte Bischof Muzorewa eine erfolgreiche „Nein"-Kampagne gegen die Vorschläge. Die sogenannte Pearce-Kommission mußte also ohne Vertrag abziehen, und die weißen Siedler hatten ihre erste politische Niederlage gegenüber den Afrikanern erlitten. Aus dieser Kampagne entstand der *African National Council* (ANC) unter Bischof Muzorewa. Ehe die Einigungsverhandlungen in Lusaka beginnen konnten, gab es eine weitere Komplikation. In der Zeit der gemeinsamen Inhaftierung hatte Robert Mugabe, Generalsekretär der ZANU Sithole als Präsident abgesetzt. Diese Entwicklung wurde von den Anrainerstaaten Sambia und Tansania nicht akzeptiert und Sithole wurde daraufhin in seinem Amt wieder bestätigt. Erst dann kam es zu den Verhandlungen, die zu dem Beschluß führten, ZAPU, ZANU, FROLIZI unter dem Schirm eines erweiterten ANC zusammenzuschließen.

3. ZANLA

Der in der Mitte der sechziger Jahre von den Rhodesiern erstickte Guerillakrieg flammte Ende 1972 erneut auf. Der Grund dafür war eine neue organisierte und diesmal erfolgreichere Kampagne der ZANU. Die Kämpfer der ZANU, *Zimbabwe African National Liberation Army* (ZANLA), waren keineswegs mit dem Beschluß von Lusaka zufrieden, der am 8. Dezember 1974 zur Gründung des erweiterten ANC und danach zu Verhandlungen mit der Smith-Regierung geführt hatte. Außerdem gab es interne Schwierigkeiten innerhalb der ZANU, die mit einem erfolglosen Coup einer Gruppierung gegen die politische und militärische Führung begannen und zu blutigen Auseinandersetzungen sowie zu Prozessen führten, die in den Guerilla-Lagern abgehalten wurden. Die blutigen Auseinandersetzungen dauerten bis März 1975. In diesem Monat fiel der ZANU-Führer im Exil, Herbert Chitepo, in Lusaka einem Attentat zum Opfer. Kurz nach Chitepos Beerdigung nahmen die Sambianer alle anwesenden ZANU-Führer, etwa 50 Menschen, in Haft. Erst im Oktober 1976, kurz vor der Genfer Rhodesien-Konferenz, wurden die Häftlinge freigelassen. In einem Prozeß vor dem obersten Gericht Sambias wurden drei Angeklagte einschließlich des Guerilla-Führers Tongagora von der Anklage des Mordes an Chitepo freigesprochen.

4. ANC

Nach der Gründung des erweiterten ANC blieb Muzorewa im Exil. Er versuchte, die Armeen der ZAPU und ZANU zu vereinigen und organisierte einen Exilflügel des ANC, dessen Leitung er zur bitteren Enttäuschung Nkomos Pfarrer Sithole übertrug. Verhandlungen mit dem rhodesischen Premier Ian Smith schritten langsam fort und endeten erfolglos mit dem dramatischen Treffen im August 1975 in einem Eisenbahnwaggon über den Victoria-Wasserfällen über dem Sambesi. An diesen Gesprächen nahmen nicht nur die verschiedenen schwarzen und weißen rhodesischen Delegationen, sondern im Hintergrund auch der sambische Präsident Kaunda und der südafrikanische Premierminister Vorster teil. Die Gespräche an den Victoria-Fällen scheiterten, da sich Smith nicht bereit erklärte, Haftbefehle gegen Exil-Afrikaner zurückzuziehen, um diesen die Teilnahme an den Verhandlungen in Salisbury zu ermöglichen.[1] Kurz nach der Begegnung zwischen Smith und den Nationalisten, die bis zu diesem Zeitpunkt völlig einig waren, kehrte Nkomo nach Rhodesien zurück, um auf eigene Faust mit Smith zu verhandeln. Er wurde daraufhin von Muzorewa aus dem ANC ausgeschlossen und hielt dann seinen eigenen ANC-Kongreß in Rhodesien ab, der ihn zum Präsidenten wählte. In dieser Funktion verhandelte er lange allein, aber ohne Erfolg, mit Smith. Der Name ANC wurde von ihm gebraucht, weil diese Partei legal in Rhodesien bestand. Erst kurz vor der Genfer Konferenz benutzte Nkomo für seine Gruppe wieder den alten Namen ZAPU, und er ging als deren Führer nach Genf. Muzorewa arbeitete im Exil in Maputo und Lusaka. Sithole, Chikerema und Nyondoro unterstützten weiter den ANC. Nach der Kissinger-Initiative vom Herbst 1976, als es deutlich wurde, daß weder ZAPU noch ZANU sich tatsächlich aufgelöst hatten, trat Sithole aus dem ANC aus und behauptete, weiter ZANU-Präsident zu sein. Die ZANU unter ihrem Generalsekretär Mugabe lehnte Sithole jedoch ab. Nur auf Intervention der afrikanischen Präsidenten wurde Pfarrer Sithole nach Genf eingeladen. Bischof Muzorewa selbst kehrte endlich im Oktober nach Salisbuy zurück und wurde von schätzungsweise 200 000 bis 300 000 Menschen jubelnd empfangen. Die Begeisterung der Massen für Muzorewa kam für die Außenwelt überraschend. In den Monaten zuvor, während Kissinger seiner Friedensinitiative durch eine Reise in das südliche Afrika zum Erfolg verhelfen wollte, war der Bischof von politischen Beobachtern bereits als einflußlos abgeschrieben worden. Nun feierte er ein politisches Comeback. In Genf freilich wurde ihm diese Rolle von den anderen drei Fraktionen – Nkomo, Mugabe und Sithole – streitig gemacht. Während Nkomo und Mugabe über reichliche Geldmittel für ihre Delegationen verfügten, mußte der Präsident des ANC in einem bescheidenen Quartier absteigen.

5. ZIPA

Die langwierigen Streitigkeiten der politischen Führer Zimbabwes hatten der OAU (Organisation für afrikanische Einheit) seit langem Probleme bereitet. Mehrere Versuche, die verschiedenen Gruppen zusammenzubringen, waren gescheitert. Nachdem die blutigen Ereignisse in Sambia durch eine internationale Untersuchungskommission zum Tode Herbert Chitepos zum Teil ans Licht kamen, riß den Anrainerstaaten die Geduld. Vor allem Präsident Samora Machel von Mosambik hatte bestimmte Vorstellungen, wie ein Entkolonisierungsprozeß durchzuführen sei. Er glaubte, daß ein echter Führer der Massen nur aus dem bewaffneten Kampf erstehen könne. Aus diesem Grund wurde den ANC-Führern, die immer noch auf friedliche Lösungen hofften und keine eigenen Guerillaverbände besaßen, der Zutritt zu den Lagern der Freiheitskämpfer in Mosambik verwehrt. Außerdem wurde in Maputo ein Radioprogramm eingerichtet, das jeden Abend auf Englisch nach Zimbabwe gesendet wurde. Es sollte zur Mobilisierung der Massen beitragen. Präsident Machel stützt sich bei seiner Theorie auf die eigenen Erfahrungen und die Entwicklung der FRELIMO in Mosambik. Danach sollen die Menschen, die das Gewehr tragen, auch politisiert werden. Der Befreiungskampf soll nicht nur als Kampf gegen die Weißen, sondern als Kampf gegen das ausbeuterische kapitalistische System gesehen werden. Wie in Mosambik sollen auch in Zimbabwe befreite Gebiete erkämpft werden. Dort könne man dann die Mobilisierung der ganzen Bevölkerung aufnehmen, wie es in Mosambik der Fall war.

Diese Theorie braucht Zeit, um verwirklicht zu werden. Aber die Zimbabweaner hatten eine andere und weit zurückreichende politische Entwicklung hinter sich als die FRELIMO in Mosambik. Außerdem haben sie schon zu lange auf die Unabhängigkeit gewartet. Von 1953 bis 1963 war Rhodesien Teil der zentralafrikanischen Föderation, die außerdem die Teilstaaten Nordrhodesien und Njassaland umfaßte. Aus diesen beiden Gebieten wurden schon zu Beginn der sechziger Jahre die unabhängigen Staaten Sambia und Malawi. Südrhodesien wurde damals jedoch nicht Zimbabwe, wie Nkomo es versprochen hatte („ich trage die Unabhängigkeit in meiner Aktentasche" soll er einmal bei der Rückkehr von Verhandlungen mit London erklärt haben). Der Grund der Verzögerung war die Anwesenheit einer verhältnismäßig großen Anzahl Weißer, die die politische und wirtschaftliche Macht besaßen und mit deren Ansprüchen London nicht fertig werden konnte.

Als London als verantwortliche Kolonialmacht auf Herstellung der Mehrheitsherrschaft drängte, erklärte Smith am 11. November 1965 einseitig die Unabhängigkeit Rhodesiens (sogenannte UDI). Da diese Unabhängigkeitserklärung auch ein Schlag gegen Großbritannien war, konnten die politischen Führer der schwarzen Mehrheit lange Zeit hoffen, daß die Entkolonialisierung und Einführung der Mehrheitsherrschaft schließlich doch durch britischen Druck zu erreichen sei.

Erst als diese Hoffnungen trogen, führten das Beispiel der FRELIMO in Mosambik und die Machel-Theorie vom bewaffneten Kampf zur Gründung der ZIPA, d.h. der *Zimbabwe People's Army*. Die ZIPA entstand aus der Vereinigung der beiden militärischen Flügel der ZAPU und ZANU. Ein Oberbefehlskommando bestehend aus 18 Mann wurde ernannt. Neun davon gehörten zur ZANU, neun zur ZAPU. Doch die Führung der im April 1976 gegründeten ZIPA blieb eigentlich weiter die der alten ZANLA, der Guerilleros der ZANU. Blutige Auseinandersetzungen zwischen ZANU und ZAPU-Kämpfern gingen weiter. Die Lage wurde weiter dadurch kompliziert, daß neue Rekruten aus Zimbabwe im Namen der ANC angeworben wurden. ZIPA versuchte trotzdem mit Hilfe der Anrainerstaaten eine eigene Identität zu entwickeln. Doch es entstanden Probleme erstens durch die Uneinigkeit zwischen ZANLA- und ZAPU-Kader, zweitens durch die weiteren Bestrebungen der ANC-Führer, ihre Stellung zu bewahren, drittens dadurch, daß die führenden Offiziere in Sambia in Haft waren. Ein anderes Hindernis waren die Probleme innerhalb der ZANU. Verwirrend war, daß die Organisation fortbestand, obwohl ZANU-Präsident Sithole sie auflösen wollte und dem ANC beigetreten war. Von der ZIPA wiederum wurde nur der ZANU-Generalsekretär Robert Mugabe anerkannt.

6. Patriotische Front

Nachdem Kissinger 1976 seine Friedensinitiative begonnen hatte, trat Robert Mugabe als der neue Führer der ZANU in die Öffentlichkeit. Ihm war jedoch klar, daß ZIPA/ZANLA ohne die inhaftierten Führer nicht stark genug sein würde. Er nahm also eine Aufgabe auf sich, die als Machtprobe für seine Führerschaft betrachtet werden konnte: Die Freilassung der ZANU-Führer in Sambia. Sambias Präsident Kaunda hatte bis dahin vor allem den ZAPU-Präsidenten Nkomo politisch gestützt. Für die Freilassung der ZANU-Führer mußte Mugabe daher einen gewaltigen Kompromiß eingehen: Er mußte Joshua Nkomo als Partner akzeptieren. Denn Nkomo besaß das Vertrauen von Präsident Kaunda, welches die ZANU verloren hatte, und so hatte er die Möglichkeit, nicht nur für die Befreiung der ZANU-Leute erfolgreich zu plädieren, sondern auch etwas anderes anzubieten: Die Unterstützung des Befreiungskrieges durch Sambia, das zu diesem Zeitpunkt sein Territorium für alle ZANU-Guerilla-Aktivitäten geschlossen hielt. Die Eröffnung einer Front entlang des Sambesi aber war für Mugabe von größter Bedeutung für den Fall, daß die Verhandlungen in Genf scheitern sollten. Also traten Nkomo und Mugabe im Oktober gemeinsam als die Patriotische Front auf, in einer politischen Allianz zwischen ZAPU und ZANU. Mugabe selbst erklärte den Schritt dadurch, daß er darauf hinwies, daß auch Nkomo über Freiheitskämpfer verfügte, und daß es nicht im Sinne eines befreiten Zimbabwe sei, zwei Armeen zu besitzen. Außerdem konnte Nkomo für die Allianz neue Quellen für militärische Hilfe erschließen, da er seit langem von der Sowjetunion unterstützt wird. Kurioserweise genoß Nkomo trotz der sowjetischen Verbindung auch das Vertrauen der westlichen Mächte, die ihn für den gemäßigsten unter den rhodesischen Führern hielten. Für Sambia bedeutete die Bildung der Patriotischen Front eine Änderung der Haltung gegenüber der ZANU. Es gab noch einige Pannen, z. B. als mehrere ZANU-Führer nach Lusaka zu einem Vorbereitungstreffen für die Genfer Konferenz eintrafen und am Flughafen Schwierigkeiten bekamen. Doch nach der Freilassung der ZANU-Führer normalisierte sich das Verhältnis zur sambischen Regierung schnell. Auch in Genf waren die sambischen Beobachter oft bei der ZANU-Delegation zu sehen. Beide Seiten waren offensichtlich bemüht, die Vergangenheit zu vergessen und zusammen neue Zukunftspläne zu schmieden.

Das also waren die eingeladenen Gruppen: Die Patriotische Front von ZAPU/ZANU unter der Führung von Nkomo und Mugabe, eine Splittergruppe der ZANU, geführt von Sithole, und der ANC, geführt von Bischof Muzorewa, in dessen Delegation sich noch immer die alten FROLIZI-Führer Chikerema und Nyondoro befanden.

Die erste Konferenzrunde vom 28. Oktober bis 14. Dezember 1976

Als sich die erste Runde der Konferenz, die offiziell am 28. Oktober begonnen hatte, am 14. Dezember vertagte, mußte man sich fragen, ob viel mehr erreicht wurde, als daß Genf um zwei neue Worte bereichert wurde: *„Pamberi Nechimurenga* – Vorwärts in die Revolution". Hat Genf die Revolution einige Schritte weiter befördert? Ja, antwortete ohne Zögern Joshua Tongogara, seit 1973 Oberbefehlshaber der ZANLA. Tongogara, 36 Jahre alt, ist ein erfahrener Guerillakämpfer, der seine Ausbildung in der Volksrepublik China erhielt, der erste Oberbefehlshaber, der selbst Soldat ist. Bis 1973 hatte immer ein Zivilist das Kommando über die Truppe geführt. Wie bereits erwähnt, wurde Tongogara 1975 in Sambia zusammen mit etwa 50 ZANU-Kameraden unter dem Verdacht inhaftiert, das Attentat auf den ZANU-Vorsitzenden im Exil, Herbert Chitepo, geplant und ausgeführt zu haben. Nur wenige Tage vor der Genfer Konferenz wurde Tongogara vom Obersten Gericht in Lusaka freigesprochen. In Genf war er zu Beginn der Sitzung dabei, zusammen mit anderen ZANU-Führern wie Henry Hamadziripi oder Kumbai Kangai, die auch in Sambia eingesessen hatten. Die ZIPA war auf der Konferenz zunächst nur durch ihren Sprecher Mugabe vertreten. In der Schlußphase stießen dann jedoch zu den drei genannten ZANLA-Führern sechs Mitglieder der ZIPA-Führung, darunter ihr Oberbefehlshaber Rex Nhongo.

ZIPA, ZAPU, ZANU, ZANLA – Abkürzungen von Gruppen, die von der Uneinigkeit der Afrikaner zeugen. Doch bevor wir uns damit befassen, müssen wir nochmals zu der Frage zurückkommen, was und ob Genf etwas erreicht hat. Tongogaras „ja" bezog sich vor allem darauf, daß es in Genf möglich war, politische Kampfgefährten zu treffen, von denen man seit Jahren durch Exil, den Buschkrieg oder Inhaftierung getrennt war. Weiterhin erklärt er, hätte man doch endlich die britische Regierung dahin gebracht, daß sie ein festes Datum für die Unabhängigkeit, nämlich den 1. März 1978, zugestanden hätte, und weiterhin, daß die Briten ihre Rolle als die völkerrechtlich verantwortliche Kolonialmacht in Rhodesien akzeptiert hätten und nun bereit dazu seien, in einer Übergangsperiode eine größere Rolle zu spielen, als am Anfang. Die ZANU forderte in Genf, daß Großbritannien einen Hochkommissar für die Übergangsperiode stellen solle, der das Recht habe, Minister zu ernennen und zu entlassen, und der für die innere und äußere Sicherheit zuständig sei. Und genau um diesen Punkt – Verantwortung für die innere Sicherheit sowie für die Verteidigung – gingen die Meinungen zwischen der illegalen Regierung unter Ian Smith und allen afrikanischen Delegationen auseinander. Ian Smith behauptete in seiner „berühmten" Rede am 24. September 1976, daß er mit Kissinger eine Abmachung getroffen hätte, wonach in der Übergangsregierung die Posten für Verteidigung und innere Sicherheit von weißen Ministern bekleidet werden sollten. Dieser Vorschlag erwies sich als völlig unannehmbar für die Afrikaner.

Nur wenige Tage nach dem Ende der Genfer Konferenz erklärte der Präsident von Mosambik, Samora Machel, daß sich die „illegale Söldnerarmee der weißen Rhodesier" auflösen müsse, ehe eine zweite Runde der Gespräche aufgenommen werden könne. Machel bezog sich damit auf den Umstand, daß die rhodesische Armee bei der kleinen weißen Bevölkerung von nur einer viertel Million nicht nur alle wehrfähigen Männer einziehen, sondern seit langem auch ausländische Söldner werben muß. Die südafrikanischen „Polizisten", die der rhodesischen Armee seit den sechziger Jahren zur Seite standen, sind angeblich im Zuge der Detentegespräche des Jahres 1974 zwischen Pretoria und den schwarzen Staaten abberufen worden.

Der größte Erfolg der Genfer Konferenz war es wahrscheinlich, daß es dem britischen Vorsitzenden gelang, die Gespräche überhaupt sieben Wochen lang in Gang zu halten. Die Uneinigkeit unter den Nationalisten war selbstverständlich ein großes Hindernis für einen Erfolg der Gespräche. Aber das größte Problem war und ist der Gegensatz zwischen der weißen Minderheit und der schwarzen Mehrheit von über sechs Millionen Afrikanern.

Ian Smith sprach noch wenige Tage vor der Vertagung der Genfer Konferenz abfällig von Führern wie Robert Mugabe, dem Generalsekretär der ZANU, oder Bischof Abel Muzorewa, dem Präsidenten des African National Council. Weiterhin blieb er dabei, daß er von Dr. Kissinger ein kompaktes „Verhandlungspaket" erhalten hätte, an dem nicht zu rütteln sei. Doch selbst Smith gab am Ende zu, daß er neue britische Vorschläge erhalten habe und diese in Betracht ziehen müsse.

Bereits zwei Wochen nach Ende der Genfer Gespräche traf am 21. Dezember 1976 der Vorsitzende Ivor Richard mit Dr. Kissinger in Washington zusammen, um die Rolle eines britischen Vertreters in einer rhodesischen Übergangsregierung zu besprechen. Das allein zeigte, daß die Vorschläge Kissingers längst vom Verhandlungstisch weggefegt worden waren. Nicht in London, Washington und Pretoria allein konnte eine Lösung ausgehandelt werden, da vor allem die Anrainerstaaten ein wichtiges Wort mitzureden hatten. Hier lag auch die Ursache für das Scheitern der Genfer Konferenz. Es saßen nämlich zu viele unsichtbare Partner mit am grünen Tisch in Genf.

Offiziell waren fünf Delegationen anwesend, vier schwarze und eine weiße unter dem Vorsitz des britischen Botschafters bei den Vereinten Nationen, Ivor Richard. Die unsichtbaren Partner waren zum Teil die Anrainerstaaten Sambia, Tansania, Mosambik, Angola und Botswana. Sie hatten alle Beobachter nach Genf entsandt. Es waren diese Staaten, die an erster Stelle mit Dr. Kissinger verhandelt hatten, über die Köpfe der Zimbabweaner hinweg. In Genf wurde offensichtlich, daß letztere nicht befragt worden waren. Ebenfalls wurde klar, daß die afrikanischen Präsidenten erwarteten, daß Ian Smith nach dem 24. September, an dem er seine große Rede hielt, um den Rhodesiern zu erklären, daß sie keine andere Wahl hätten, als eine Mehrheitsregierung innerhalb von zwei Jahren zu akzeptieren – daß dieser Ian Smith abdanken würde. Ein derartiges Zugeständnis von dem Mann, der noch wenige Wochen vor dieser Ansprache behauptete, daß die Afrikaner erst in 1000 Jahren in der Lage sein würden, sich selbst zu regieren, war eigentlich nichts anderes als eine Kapitulation. In seiner letzten Pressekonferenz in Genf sagte Smith, daß er zu diesem Schritt gezwungen wurde, weil man es ihm deutlich machte, daß er sonst alle „Freunde in der freien Welt", wie er es ausdrückte, verlieren würde. Und trotzdem dankte er nicht ab, trotzdem kam er gelassen, Zuversicht ausstrahlend nach Genf. Die afrikanischen Delegationen behaupteten zwar, daß Smith für sie kein Verhandlungspartner sei, daß er nur Mitglied der Delegation der Kolonialmacht Großbritannien sei. Jedoch war es klar, daß die Briten Smith als „Premierminister" einer Regierung dulden mußten, die im Jahre 1965 als Rebell gegen die Krone bezeichnet worden war. Und nicht nur das: einer der Gründe, warum die Konferenz in Genf und nicht in London stattfand, war der, daß Smith in dem Moment, in dem er seinen Fuß auf britischen Boden setzte, sofort hätte verhaftet werden können. Jeder Bürger des Landes hätte das Recht gehabt, Smith und seine Kabinettsmitglieder des Verrates zu beschuldigen. Wäre eine derartige Klage erhoben worden, so hätte Smith sofort ins Gefängnis und nicht an einen Verhandlungstisch kommen müssen.

Ein anderer unsichtbarer Partner war der südafrikanische Premier John Vorster. Bereits am 23. Oktober 1974 hatte Vorster seine bekannte Detenterede in Kapstadt gehalten, in der er für eine friedliche Lösung des Konflikts im südlichen Afrika eintrat, da „der Preis für eine Konfrontation hoch sein würde, zu hoch für das südliche Afrika". In geheimen Verhandlungen mit schwarzen Staaten erfuhr Vorster, was man als Gegenleistung von ihm erwartete: unter anderem Druck auf Smith auszuüben, um die rhodesische Frage zu lösen. Als erste Folge des südafrikanischen Druckes hatte Smith die politischen Führer der schwarzen Mehrheit, Männer wie Pfarrer Ndabaningi Sithole, Robert Mugabe und Joshua Nkomo aus der Haft entlassen. Die südafrikanische Entspannungspolitik geriet jedoch 1975 unter die Räder des Angolakonfliktes, an dem sich Südafrika aktiv beteiligte und in dessen Verlauf es in das Nachbarland Angola eindrang. Mit einem Mann, der sich offen in einen innerafrikanischen Konflikt einmischte, um die ihm genehme Partei an die Macht zu bringen, mochten und konnten sich die afrikanischen Präsidenten fortan nicht mehr an einen Tisch setzen. Vorsters Außenpolitik erlitt damit einen schweren Rückschlag. Trotz der deswegen entstandenen Verzögerung der Verhandlungen über alle drei Kernprobleme – die illegale weiße Minderheitsregierung in Salisbury, die illegale Administration Namibias durch Pretoria und die weiterbestehende Apartheid in Südafrika – bemühte sich Vorster weiter um ein Arrangement mit den schwarzen Staaten.

Der Mißerfolg Vorsters in Angola wirkte auch auf die innere Lage in Südafrika zurück. So zeigten sich bei der schwarzen Jugend in Südafrika ein neu erwachter Stolz und eine unverhohlene Freude, daß weiße Südafrikaner sich vor farbigen Truppen hatten zurückziehen müssen. Doch von noch größerer Bedeutung war, daß Dr. Henry Kissinger nun Afrika für sich entdeckte. Der amerikanische Außenminister hatte bis dahin seine Politik auf dem Axiom aufgebaut, daß die weißen Regierungen im südlichen Afrika nicht durch Gewalt verdrängt werden könnten. Die Annahme wurde durch den Putsch in Portugal vom Jahre 1974 widerlegt, da der erfolglose Kolonialkrieg der Portugiesen zum direkten Grund für den Machtwechsel in Lissabon wurde. Die neuen Machtverhältnisse, die damals im südlichen Afrika entstanden, und vor allem die offene Unterstützung der angolanischen MPLA-Regierung durch die Sowjetunion und Kuba alarmierten Kissinger. Mit seinem ersten offiziellen Treffen mit Vorster im Bayrischen Wald eröffnete er Mitte 1976 eine neue Afrikapolitik, die ihn im September zu einer ausgedehnten Vermittlungsreise in das südliche Afrika führte.

Wie schon bei seinen Friedensbemühungen im Nahen Osten pendelte Kissinger zwischen den afrikanischen Hauptstädten hin und her, um die verfeindeten

Seiten an den Verhandlungstisch zu bringen. Als erstes konkretes Ergebnis dieser diplomatischen Bemühungen erklärte sich Smith am 24. September 1976 bereit, innerhalb von zwei Jahren die Herrschaft der Mehrheit in Rhodesien zu akzeptieren. So wurde die Genfer Konferenz von Großbritannien einberufen, um über die Modalitäten der Machtübergabe an die schwarze Mehrheit zu verhandeln. Vorster zwang Smith, nach Genf zu gehen. Über seine Motive gibt es bis heute unterschiedliche Spekulationen. Gab er seinem rhodesischen Partner zu verstehen, daß er um jeden Preis die Macht an die Mehrheit abgeben müßte, oder erhielt Smith Versprechungen, die seine zuversichtliche Haltung in Genf erklären könnten? Vorster und Smith sprachen beide mit Kissinger. Also wußte auch Vorster von den verschiedenen Vorschlägen, die im „Kissinger-Plan" verpackt waren, einschließlich der Idee eines großen Fonds in Höhe von einer Milliarde Dollar, der dazu dienen sollte, weiße Rhodesier im Fall ihrer Auswanderung zu unterstützen, und zum anderen zur wirtschaftlichen Entwicklung eines unabhängigen Zimbabwe beitragen sollte. Die Kissinger-Vorschläge waren nicht ungünstig für Smith – er war zu einem früheren Zeitpunkt sogar bereit gewesen, noch mehr Konzessionen zu machen, und das ohne die Rückversicherung durch einen internationalen Finanzfonds.

Die Pretoria-Regierung war bereits 1965 keineswegs erfreut über die Rebellion der Weißen in Rhodesien. Immer wieder zogen sie die Weltaufmerksamkeit zu einem Zeitpunkt auf das südliche Afrika, zu dem die südafrikanische Politik Zeit brauchte, um der Weltöffentlichkeit die Richtigkeit der Apartheidpolitik zu beweisen. Aber die weißen Wähler, die ihre Freude über die Haltung des weißen Mannes im Nachbarland offen zeigten, konnten nicht ignoriert werden. Besonders mußte Vorster immer wieder auf seinen rechten Parteiflügel Rücksicht nehmen. Es ist also möglich, daß er Smith versicherte, daß er ihn weiter, oder besser gesagt: wieder, politisch, wirtschaftlich und militärisch unterstützen werde, wenn er in Genf seinen Teil des Handels mit Henry Kissinger strikt einhielte. Wenn Genf durch die Haltung der Schwarzen scheitern sollte, so würde Pretoria wieder an der Seite von Salisbury zu finden sein. Außerdem hoffte Smith, daß auch die westlichen Mächte ihm dann helfen und die Sanktionen aufheben würden. Diese Ansicht wurde von allen Journalisten aus dem südlichen Afrika in Genf vertreten. Die zuversichtliche Haltung der rhodesischen Delegation, die im eleganten Hotel „Du Rhone" abgestiegen war und dort offene Türen für die Presse hatte, könnte diese Theorie bestätigen.

Andererseits gab es Anzeichen dafür, daß sich die Haltung Pretorias tatsächlich gewandelt haben könnte. Seit Juni 1976 hatte die südafrikanische Regierung die schwerste politische und wirtschaftliche Krise im eigenen Land zu bekämpfen. Die andauernden Unruhen in den schwarzen Satelliten-Vorstädten der weißen Städte, die plötzliche negative Entwicklung der Wirtschaft, die Tatsache, daß allen Bemühungen Südafrikas zum Trotz die im Oktober ausgerufene Unabhängigkeit der Transkei von keinem Staat der Welt anerkannt worden war, hatten Vorster schwer geschadet. Er mußte also weiter versuchen, zusammen mit den westlichen Freunden eine friedliche Lösung zu erreichen. Und das bedeutete, daß er gezwungen war, Druck auf Smith auszuüben.

Es war interessant, daß die weiße Delegation in Genf fast ausschließlich die Rolle von Beobachtern spielte. Die Leitung der Delegation lag in Abwesenheit von Smith bei Außenminister Piet van der Byl, der im Umgang mit den schwarzen Delegationen oft außerordentlich plump und manchmal sogar beleidigend agierte. Außerdem mußte sich van der Byl kurz vor Ende der Konferenz öffentlich bei Robert Mugabe entschuldigen, nach einer unerfreulichen Auseinandersetzung in einer Konferenzsitzung. Van der Byl ist als „hardliner" bekannt. Eine Entschuldigung gegenüber einem „Terroristen" wie Mugabe muß ihm schwer gefallen sein. Es ist auch wichtig zu erklären, worum die Entschuldigung überhaupt ging: Van der Byl hatte gesagt, daß Mugabe angeblich keinen Weißen in der Übergangsregierung annehmen würde. Was Mugabe aber wirklich erklärt hatte – und deswegen die Entschuldigung – war, daß es keinen Platz in einer derartigen Regierung für bisherige Mitglieder des Smith-Regimes gäbe. Dennoch kamen von Seiten der Rhodesier kaum laute Proteste, als die Briten nach wochenlanger Verhandlung erklärten, daß die Unabhängigkeit innerhalb von 15 Monaten, wenn möglich sogar nach 12 Monaten erfolgen solle. Smith hatte auf den zwei Jahren beharrt, die von Kissinger vorgeschlagen wurden. In Genf wurde von den Weißen lediglich gesagt, daß die Bildung einer Mehrheitsregierung erfolgen solle, wenn alle erforderlichen Schritte abgeschlossen seien.

Trotz Smiths Gelassenheit auf seiner letzten Pressekonferenz vor seiner Abreise, waren seine Antworten nicht überzeugend. Er und seine Regierung hätten keine Probleme, die ZANU-Guerillas militärisch zu besiegen. Auf eine Frage, ob seine Landsleute bereit seien, einen hoffnungslosen Krieg weiterzuführen, sagte er, daß es stimme, daß einige Rhodesier auswanderten. Der Grund dafür sei vor allem, daß die globale Rezession sich auch in Rhodesien bemerkbar mache. Obwohl einige Familien durch die Militärpflicht familiäre Probleme hätten, sei im übrigen die Mehrheit ebenso wie er selbst bereit, für ihre Prinzipien zu kämpfen. Dazu ist zu bemerken, daß zur Zeit im Durchschnitt pro Monat etwa 400 Menschen mehr auswandern als einwandern.

Auch die Amerikaner gehörten neben den Anrainerstaaten und den Südafrikanern zu den unsichtbaren Teilnehmern dieser Konferenz. Obwohl sie keine direkte Vertretung in Genf hatten, besuchte der Afrika-Experte William Schaufele den Konferenzort und am Wochenende vor der Vertagung konferierte Mr. Richard in London sowohl mit seinem Außenminister, als auch mit Dr. Kissinger. Für Smith waren die Ergebnisse nicht erfreulich. Kissinger bestritt, sich im September auf feste Verhandlungsergebnisse festgelegt zu haben. Sein sogenanntes „Paket" bestehe lediglich aus Verhandlungsvorschlägen, die von ihm gemacht worden waren. Also mußte auch Smith in seiner Pressekonferenz zugestehen, daß inzwischen neue Vorschläge auf den Tisch gekommen waren und daß er sich diese überlegen müsse. Er bestritt, daß friedliche Verhandlungen nunmehr ausgeschlossen seien, wie die Nationalisten betonten.

Wie steht es nun mit den Delegationen der Nationalisten?

Auch sie verhandelten nicht ohne versteckte Abhängigkeit, sondern mußten mit unsichtbaren Partnern rechnen. In ihrem Fall waren es die Anrainerstaaten und hinter einigen von diesen Moskau, auf die sie Rücksicht nehmen mußten. Selbst die transnationalen Konzerne sind nicht zu vergessen. Es ist also angebracht, daß man die verschiedenen Interessen aller Partner, die am Tisch saßen oder die von einiger Entfernung versuchten, ihren Anteil beizusteuern, in Betracht zieht.

Die fünf Anrainerstaaten sind Sambia, Mosambik, Tansania, Angola und Botswana. Alle haben Interesse an einer friedlichen Lösung des rhodesischen Problems. Sie haben den Auftrag der OAU, die Verhandlungen über eine friedliche Lösung zu führen.

Angola, das zuletzt in die Runde kam, ist am wenigsten von dem Rhodesienproblem direkt betroffen. Aber Angola unterstützt Mosambik und dessen Präsident Machel spielt bei der Lösung des Rhodesienproblems eine Schlüsselrolle.

Botswana ist ein kleines Land, von Südafrika wirtschaftlich aus mehreren Gründen abhängig. Die *Rhodesia Railway* führt durch Botswana und befördert rhodesische Güter nach Südafrika. Dennoch konnte es sich der Präsident Botswanas, Sir Seretse Khama, bis heute nie leisten, die Grenze zu schließen. Aber auch Botswana ist vom Guerillakrieg betroffen. In letzter Zeit geschieht es immer häufiger, daß rhodesische Truppen in Botswana einfallen, um – wie sie sagen – Guerillas zu verfolgen oder angebliche Guerillalager anzugreifen.[2]

Sambia hat seit 1965 einen hohen Preis bezahlt, um die von den Vereinten Nationen verhängten Sanktionen gegen Rhodesien zu respektieren. Sambias Transportprobleme wurden 1973 durch die Schließung der Grenze zwischen den beiden Ländern außerordentlich erschwert. Man darf nicht außer acht lassen, daß die Wirtschaften Sambias und Rhodesiens während der Kolonialzeit bis 1964 eng verflochten waren. Die Entflechtung hat Sambias Entwicklung während der ersten zehn Unabhängigkeitsjahre enorm behindert. Sambia braucht also auch eine friedliche und schnelle Lösung des Rhodesienproblems. In Genf spielten die sambischen Beobachter eine kaum zu überschätzende Rolle, besonders weil einer von ihnen Mark Chona war, der persönliche Berater von Präsident Kaunda. Chona ist seit langem als „graue Eminenz" in Sambia bekannt und hatte seit langem den Titel eines „schwarzen Kissinger", denn Chona wie Kissinger lieben Geheimdiplomatie und machten seit Jahren unermüdlich Flugreisen, um Probleme zu beseitigen. Chona war auch führend an den Detentegesprächen des Jahres 1974 mit Pretoria beteiligt. Präsident Kaunda ist seit langem mit Joshua Nkomo befreundet und unterstützt letzteren und damit die ZAPU gegenüber seinem größten Rivalen, Bischof Muzorewa. Die ersten Guerilla-Einfälle nach Rhodesien in den sechziger Jahren wurden von Sambia aus unternommen. Im Laufe der Genfer Konferenz behauptete der *African National Council*, daß Sambia und die Briten Joshua Nkomo zum Premierminister befördern wollten und daß auch der bekannte multinationale Konzern Lonrho an diesem Plan beteiligt sei.[3] Diese Mutmaßung wurde sofort von London zurückgewiesen. Kurz nach Ende der Konferenz erklärte Lusaka jedoch, daß die Beziehungen zu Muzorewa abgebrochen seien. Die Gerüchte wurden durch die Tatsache beflügelt, daß Lonrhos Generaldirektor, Rowland W. Rowland, „Tiny" genannt, dessen Geschäftsbeziehungen in Afrika bekannt sind, in Genf im Intercontinental Hotel gesehen wurde, wo Nkomo und Sithole wohnten. Es gab auch Gerüchte, daß Firmen mit Geschäftsbeziehungen in Afrika sowie einige Regierungen geholfen hätten, die Hotelrechnungen einiger Delegationen zu bezahlen. Offiziell zahlte Großbritannien jeder Delegation 20 300 Pfund Sterling pro Woche plus 10 000 Pfund für den Vorsitzenden und sein Sekretariat. Aber diese Summen reichten nicht aus, und Geldspenden mußten auch noch aus anderen Quellen kommen.

Die Verwicklung von *Mosambik* in das rhodesische Problem ist bereits mehrere Male erwähnt worden. Im März 1976 schloß Maputo die Grenze zu Rhodesien. Diese Anwendung der Sanktionen der Vereinten Nationen bedeutete für Mosambik großen wirtschaftlichen Schaden. Mosambik fühlte sich aber auch militärisch von Rhodesien bedroht. Während die Gespräche noch andauerten, kamen Berichte von schweren Gefechten zwischen rhodesischen und mosambikanischen Truppen. Zum ersten Mal gab auch Salisbury zu, daß Rhodesien Luftangriffe auf Mosambik ausführte. Präsident Machel hat also mehr als eine theoretische Verpflichtung, Zimbabwe auch als sein eigenes Problem anzusehen. Seine Hand war in Genf auf vielfältige Weise im Spiel. Manche Beobachter glauben, daß er zum Teil für die Verzögerung besonders zu Beginn der Sitzung verantwortlich war. Es soll Uneinigkeiten über die Genfer Gespräche zwischen den Anrainerstaaten selbst gegeben haben. Um zu verhindern, daß voreilige Beschlüsse gefaßt wurden, ohne gleichzeitig die Konferenz torpedieren zu müssen, bat man die Patriotische Front, einige Fragen in die Länge zu ziehen. Daß die Verzögerung allein dadurch verursacht wurde, daß von der Ferne ein Tauziehen veranstaltet wurde, ist nicht bewiesen. Aber etwas davon wird wohl wahr sein. Mitglieder der Delegation sagten mehrere Male, daß sie nicht ganz ihre eigenen Herren seien, sondern sich zum Teil nach den Ansprüchen der Anrainerstaaten richten müßten. So war es zum Beispiel klar, daß nach drei Wochen des Feilschens um die Formulierung des Unabhängigkeitsdatums Nkomo die Geduld ausging. Er hatte schon längst zugestimmt, als sein Partner Mugabe noch zurückhielt. Die Genfer Konferenz hat außer den neuen Kontakten zwischen Menschen, außer der schweren Arbeit, die der geduldige Vorsitzende geleistet hat, außer der Freilassung der ZANU-Führer auch mehrere interessante Verfassungsvorschläge als Ergebnis gehabt.

Um die Gegensätze zwischen den afrikanischen Delegationen zu verstehen, muß man hier noch einige Anmerkungen über die Rolle der afrikanischen Führer in ihrer eigenen Gesellschaft machen. Es gibt Faktoren, die tief in den Persönlichkeiten und in den ethnischen Gegensätzen wurzeln. Und es gibt andere, die auf verschiedenen Weltauffassungen gründen und auch auf Unterschieden zwischen Stadt und Land sowie zwischen den Generationen.

Zunächst muß man kurz die Gesellschaftsstruktur Zimbabwes betrachten. Es gibt dort vor allem zwei verschiedene ethnische Gruppen: die Shona sprechenden Stammesgruppen, die die Mehrheit der Bevölkerung umfassen, und die etwa 800 000 Ndebele, Nachkommen eines Zulu-Impis (Regiment), daß sich vom Süden kommend in Zimbabwe in der Gegend von Bulawayo ansiedelte. Es gehört zur Tradition afrikanischer Gesellschaften, daß man in der Großfamilie verwurzelt ist. Die Shona sprechenden Stämme sind deswegen auch nach einzelnen Herkunftsregionen untergliedert. Die politischen Führer Zimbabwes sind daher nicht nur von Parteien und politischen Bewegungen getragen, sondern auch von ihren Stämmen. So hat Pfarrer Sithole, ein Shona, trotz der Ablehnung durch die ZANU weiter seine Anhänger in seiner Heimatregion. Nkomos Stärke liegt u. a. darin, daß er einem Minderheitenstamm angehört, der den Ndebele nahesteht, und daß er trotzdem auch für manchen Shona akzeptabel ist. In jeder Regierung von Zimbabwe müssen die Interessen der Ndebele vertreten sein, obwohl sie eine Minderheit sind. Ebenfalls vertreten sein müssen die verschiedenen Shona-Gruppen.

In Genf versuchte die ZANU, Bischof Muzorewa zu überreden, den ANC aufzulösen. Seine Aufgabe als Stellvertreter der verbotenen Befreiungsbewegungen ZANU und ZAPU sei beendet. Platz für eine neue Partei gäbe es nicht, vor allem, weil die meisten Führer um Muzorewa nicht nur Shona, sondern auch ZANU-Mitglieder seien. Dieses Argument hat viel für sich. Während der Konferenz traten ein Drittel der Muzorewa-Delegierten zu ZANU über. Aber Bischof Muzorewa hatte inzwischen seine eigene Anhängerschaft. Als er kurz vor Ende der Konferenz nach Salisbury zurückkehrte, bewies er zum zweiten Male, daß er die Massen hinter sich hat. Hunderttausende begrüßten ihn wieder begeistert in Salisbury. Dafür könnte es mehrere Gründe geben. Erstens war Muzorewa in der Zeit von 1971 bis Ende 1974 der einzige Politiker, der innerhalb des Landes in Vertretung der verbotenen Parteien ZAPU und ZANU und deren inhaftierter Führer öffentlich sprechen konnte. Zweitens fand die Masse des Volkes schon lange die Streitigkeiten der Führer unerträglich und zeigt deshalb Muzorewa, der für sie das Symbol des Streites mit Smith geworden war, ihre Zuneigung. Nkomos Stern als populärer Führer erlosch nach seiner Entlassung aus dem Gefängnis, als er im Stil eines großen Mannes zu leben begann, sich vom ANC abspaltete und seine erfolglosen Separatverhandlungen vom Dezember 1975 bis März 1976 mit Ian Smith führte. Zum Teil ist also die Demonstration für Muzorewa eine Demonstration gegen Nkomo und für die ZANU.

In Genf appellierte Muzorewa mit seinen Vorschlägen geschickt an die Massen. Er benutzte die alte Formel, daß Demokratie in Zimbabwe nach dem Prinzip „ein Mann – eine Stimme" *(One man – one vote)* gestaltet werden müsse. Und er schlug den 12. September 1978 als Unabhängigkeitsdatum vor, weil am 12. September 1890 die britische Flagge zum ersten Mal im heutigen Salisbury gehißt wurde und weil am selben Datum im Jahre 1957 der *African National Congress* von der *Youth League* gegründet wurde. Nyondoro und Chikerema, beide in der Muzorewa-Delegation, sind Mitgründer besagter *Youth League*. Ein Unabhängigkeitsdatum, das auf Tradition beruht, ist immer sicher, die Phantasie der Massen zu beflügeln. Hinzu kommt, daß Mugabe den Massen weitgehend unbekannt war. Vor der Genfer Konferenz erklärte Mugabe, daß er ein unabhängiges Zimbabwe nur unter einer sozialistischen Regierung sehen könne. Aber der einfache Bauer in Zimbabwe kann sich vom Sozialismus keine Vorstellungen machen. „Ein Mann – eine Stimme", das hat er über ein Jahrzehnt gefordert. Mit den Prinzipien eines sozialistischen Zimbabwe muß er erst noch vertraut werden.

Rugare Gumbo, Mitglied des ZK der ZANU und verantwortlich für Presse und Information, erklärt das Problem etwa in folgendem Sinne: Die Patriotische Front ist der Beginn einer echten Einheit, wie sie das Volk von Zimbabwe wünscht. Muzorewa solle sich dieser Gruppe anschließen. Seine Ideen zum Wahlsystem seien veraltet. Die echte Demokratie komme aus den Reihen der Massen selbst, die Politisierung der Massen aber werde durch die politische Arbeit in den Dörfern selbst erreicht, wie es die Freiheitskämpfer in den befreiten Gebieten bereits täten. Er fügte hinzu, daß auch die Patriotische Front noch keine politische oder ideologische Front sei, ZAPU sei noch in der alten Denkweise befangen. Nkomo wäre bereit, die gegenwärtig existierenden politischen Institutionen von Rhodesien zu übernehmen, ohne eine Änderung der Struktur vorzunehmen. Das aber würde zum Neokolonialismus führen. ZANU selbst befindet sich auch noch im Lernprozeß.

Bei aller Verschiedenheit der Auffassungen gibt es jedoch ein wichtiges Prinzip, daß alle Zimbabweaner akzeptieren: Nur sie allein können ihre eigenen Befreier sein. Sie können und werden von anderen Seiten Unterstützung und Hilfe annehmen, aber wenn es um den Kampf im eigenen Land um das eigene Land geht, so können nur Zimbabweaner Zimbabwe befreien. Das bedeutet eine Ablehnung des Neokolonialismus und eine Ablehnung jeglicher Abhängigkeit von einer fremden Macht. Auch die Ideologie des neuen Staates und sein Regierungsstil müssen von den Zimbabweanern selbst bestimmt werden. Prinzipiell ist das wünschenswert. Doch Zimbabwe ist wie Sambia vom Meer abgeschlossen und braucht deshalb hilfsbereite Nachbarn.

Nach der Genfer Konferenz wartete man auf die nächste Phase: entweder neue Verhandlungen oder eine Verschärfung des Guerillakrieges. Es geht jetzt also um die kurzfristigen Ziele und noch nicht oder nur andeutungsweise um die langfristigen. Ein Krieg würde nicht nur weiteres Blutvergießen bedeuten, sondern eventuell genau das, was die Zimbabweaner vermeiden wollen – die Einmischung von Außenseitern in ihre Angelegenheiten.

---

[1] Es ist ironisch, daß zwei dieser Führer im Jahre 1977 doch nach Salisbury zurückkehrten, ohne daß ein Haftbefehl erlassen wurde: Ndabaningi Sithole im Juli, James Chikerema im September.

[2] Dazu kam im Laufe des Jahres 1977 ein Flüchtlingsproblem, von dem auch Sambia und Mosambik betroffen waren, da Tausende Jugendliche über die Grenze flüchteten und nach Sambia weitergeleitet wurden. In Botswana gibt es zwei Flüchtlings-Durchgangslager, die durch internationale Hilfe unterstützt werden. Außerdem mußte Botswana, dessen Hauptexportartikel Fleisch ist, einen teuren Zaun entlang der rhodesischen Grenze ziehen, um das aus Rhodesien streunende Vieh, das durch den Kriegszustand nicht geimpft ist, den eigenen Herden fern zu halten.

[3] Am 26. September 1977 traf sich Ian Smith heimlich mit Präsident Kaunda in Lusaka. Nicht nur flog Smith in „Tiny" Rowlands privatem Lonrho Gesellschaftsjet, sondern Rowlands war auch für das Treffen verantwortlich.

Zur Lage der Weißen in Zimbabwe

Von Ruth Weiss

Der weiße Rhodesier hat seine Zukunft hinter sich. Das ist die pessimistische Folgerung, zu der man kommt, wenn man den Verlauf der letzten 12 Jahre analysiert. Der Buschkrieg ist jetzt so weit vorgeschritten, daß es fast eine Zumutung ist, die Befreiungskämpfer an den Konferenztisch zu bitten. Trotzdem wird es versucht. Trotzdem bemüht auch Ian Smith sich noch um eine „Lösung von innen", sucht er weiter nach möglichen Verbündeten, wie Bischof Abel Muzorewa, der selbst Opfer eines schwarzen Sieges werden könnte.

Präsident Kaunda von Sambia brachte es in einem Interview mit der Deutschen Welle am 30. März 1977 auf eine einfache Formel: „Wahrscheinlich ist jetzt alles zu wenig und kommt zu spät."

Der Kampf gegen die Guerillas

Es wäre falsch, die Krise innerhalb der rhodesischen Regierungspartei, der *Rhodesian Front,* nur auf die Konferenz in Genf, wirtschaftliche Probleme oder die schwankende Haltung von Ian Smith zu schieben. Sie wurden vor allem durch den Guerillakrieg ausgelöst. Täglich werden heute die Verluste unter den Streitkräften bekanntgegeben. Täglich wächst die Gefahr für jeden der 270 000 Weißen, die mit über sechs Millionen Schwarzen in einem Gebiet leben, das etwa so groß ist wie Frankreich. Seit Jahren spricht Smith von einer guten „Abschußrate". Auf zwölf getötete Schwarze kommt heute ein Weißer. Bis Ende 1975 war das Verhältnis noch 24 zu eins. Jede Tageszeitung schreibt von „unseren Jungs an der Front". Jede Zeitschrift spricht fröhlich von der kampflustigen Jugend, die es mit den *Terrs,* so nennen die Weißen die schwarzen Freiheitskämpfer, aufnehmen kann. Wie aber sieht die Wahrheit aus?

Seit Jahren nutzen die rhodesischen Streitkräfte im Kampf gegen Partisanen die bewährten Methoden: selbst Pseudo-Partisanen-Gruppen auszubilden und durch diese Kontakt mit der Bevölkerung und den Guerillas aufzunehmen. Sie richten Wehrdörfer ein, zwingen die Bevölkerung, ihre alten Dörfer zu verlassen, ihre Felder nur bei Tageslicht zu bestellen und nachts in den Wehrdörfern zu schlafen. Auf alles, was sich in der Dunkelheit bewegt, wird geschossen. Man versucht so, den Kontakt zwischen Einheimischen und Partisanen zu zerstören. Man greift Jugendliche auf, die im Verdacht stehen, zu den Guerillas überzulaufen. Man foltert einfache Dorfbewohner, um herauszufinden, ob es *Terrs* in der Umgebung gibt. Seit Jahren lebt jeder weiße Farmer hinter Stacheldraht, hat Soldaten bei sich einquartiert und gehört selbst dem Zivilschutzdienst an. Seit 1973 sind die Straßen unsicher, der Tourismus schrumpft. Man kann nachts nur in Gruppen fahren. Immer wieder werden die Eisenbahnstrecken von Partisanen angegriffen. Die Straßen, besonders in den Landgebieten, sind von Landminen gefährdet. Man fährt möglichst nur in Anti-Minen-Lastwagen.

Die „Reservate" der Schwarzen sind zu gefährlichen Gegenden für die Weißen geworden. Die Armeepatrouillen geraten hier in den Hinterhalt der Guerilleros. In shona nennt man die Freiheitskämpfer *Wakumana*, unsere „Jungs". Auch die *Wakumana* scheuen nicht, Terror anzuwenden: gegen Informanten der Smith-Regierung, gegen Häuptlinge, die bezahlte Beamte der weißen Verwaltung sind. Aber der Haß der schwarzen Bevölkerung gilt den Weißen, vor allem den weißen Soldaten. Polizei und Armee holen sich wahllos Menschen aus dem Busch, mißhandeln sie, um Informationen über die *Terrs* herauszuholen. Es gibt zu viele Augenzeugen, vor allem Missionare, die von Folterungen, Prügeln, Elektroschocks sprechen[1].

Wenn Guerillas in Gefangenschaft geraten, werden sie gehängt. Wie viele haben diesen Tod erlitten? Die Smith-Regierung gibt schon lange keine Zahlen mehr bekannt. Aber derartige Methoden machen die *Wakumana* zu Helden, zu denen immer mehr Jugendliche überlaufen. Die Schulen sind leer, viele Missionsschulen sind bereits seit langem geschlossen.

Die Guerillas greifen aus dem Hinterhalt an. Nur gelegentlich überfallen sie weiße Farmer. Ihre Ziele sind Verwaltungsgebäude. Noch haben sie nicht die volle Durchschlagskraft, um die Weißen in offener Schlacht anzugreifen. Aber die Zeit arbeitet gegen die Weißen, die Zeit und die Statistik.

Im Dezember 1972 begann an der Grenze zu Mosambik die *„Operation Hurricane"*. (Inzwischen gibt es drei weitere *Operationen* an den Grenzen zu Botswana und Sambia)[2]. Die weißen Truppen behaupten, bis zum Jahresende 1976 im Verlauf dieser ersten Aktion über 2 000 *Terrs* getötet zu haben. Von den weißen Streitkräften seien 201 Mitglieder gefallen, davon 1976 allein 126. Die Zahlen der Freiheitskämpfer sehen selbstverständlich anders aus. Wem kann man glauben? Zu den *Terr*-Toten muß man Zivilisten rechnen, die nach Anbruch der Dunkelheit erschossen wurden, weil sie die Wehrdörfer nicht früh genug erreicht hatten.

---

[1] Die katholische Mission Justitia et Pax hat über die grauenhafte Lage der Menschen in der Mitte sowie über die rhodesische Propaganda im Jahre 1977 Berichte veröffentlicht. Vier Missionare, die in der Justitia et Pax gearbeitet haben, wurden im September verhaftet, eine Nonne wurde deportiert, drei Priester vor Gericht gestellt. Zuvor war der Vorsitzende der Kommission, Bischof Donal Lamont, angeklagt und zu zehn Jahren Zuchthaus verurteilt worden, wurde dann aber ausgewiesen.

[2] „Hurricane" im Nordosten, „Thresher" im Osten, „Repulse" im Südosten und „Tangent" im Westen.

[3] Smith verfügt über etwa 50 000 Mann: 6 000 in der Armee (die Hälfte schwarz); 16 500 weiße „Territorials"; 1 200 im Nationaldienst (Weiße); 3 000 Reservisten; 7 000 Polizisten ($^2/_3$ schwarz); 20 000 Polizeireservisten.

Einwandererzahlen und Umsatz sinken

Smiths größtes Problem ist die geringe Zahl der Weißen. Es gibt schätzungsweise 30 000 Schwarze, die in der Armee und Polizei der Weißen dienen, Männer, die seit Jahren mit der Angst leben, von den Freiheitskämpfern umgebracht zu werden. Die übrigen Truppen sind weiß [3]. Um etwa 2 000 Freiheitskämpfer in Schach zu halten, braucht man gut ausgebildete Streitkräfte. Es wird behauptet, daß etwa ein Drittel dieser weißen Streitkräfte bereits Ausländer sind, vor allem Südafrikaner, Engländer, Amerikaner und Portugiesen. Die rhodesischen Männer im Alter von 18 bis 58 sind wehrpflichtig und stets abrufbar. Darunter leidet die Wirtschaft ebenso wie das Familienleben. Bisher behaupteten die Weißen immer, sie lebten in „Gottes eigenem Land", und sicher hatten sie einen höheren Lebensstandard als der Europäer oder Südafrikaner.

Jetzt ist es mit einem Schlag anders geworden. Im Jahre 1976 wanderten 7 000 mehr Weiße aus als ein, das schlechteste Ergebnis seit 1964, als Ian Smith Premierminister wurde. In den acht Jahren zwischen 1964 und 1972 wanderten etwa 40 000 Weiße ein, um das gute Leben in dem letzten Stützpunkt des weißen Mannes in Afrika (außerhalb Südafrikas) zu genießen. Nach Schätzungen werden in diesem Jahr etwa 15 000 bis 20 000 Weiße auswandern, das heißt jeder Zwanzigste. Das bedeutet einen Engpaß für die Streitkräfte, der nur schwer zu verkraften ist.

Auch die Wirtschaftsstatistiken zeigen nach unten. Im letzten Jahr kamen 20 Prozent weniger ausländische Geschäftsleute als im Jahre 1975. Seit zwölf Monaten ist der Tourismus um 50 Prozent gefallen, Hotels sind vom Management oder den Streitkräften geschlossen. 1976 wurde in Salisbury nur ein Fünftel der Häuser gebaut wie im Jahr zuvor, und 1975 war schon ein schlechtes Jahr für die Bauindustrie [4].

Die Wirtschaft ist allerdings noch nicht zusammengebrochen, trotz Sanktionen von außerhalb. Tabak und andere Agrarprodukte werden weiter verkauft, auch Rohstoffe wie Chrom, Asbest, Kupfer, Nickel. Die Devisen sind noch nicht ganz geschmolzen. Und Südafrika hat das Land noch nicht fallengelassen. Der rhodesische Handelsverkehr wird weiter über Südafrika abgewickelt.

Die Haltung der Weißen

Die Mehrheit der Weißen hat seit dem 11. November 1965 eine starre Haltung eingenommen: Der Schwarze sei noch nicht reif zum Mitregieren; er solle sich erst entfalten; die Führung des Landes müsse in zivilisierten Händen bleiben.

---

[4] In diesem Jahr werden £ 92 Millionen für Verteidigung ausgegeben, d. h. $1/5$ des Gesamtbudgets. Eine Erhöhung von 28 % des Staatshaushalts im Jahr 1976 ist gemäß „Economic Survey of Rhodesia" des Finanzministeriums, April 1977, dem Krieg zuzuschreiben.

In der illegalen Unabhängigkeitserklärung gegenüber England heißt es: „Wir haben uns für die Erhaltung von Gerechtigkeit, Zivilisation und Christentum eingesetzt, und in diesem Geist und Glauben erklären wir heute unser Land unabhängig."

Seitdem ist Rhodesien in die Abhängigkeit von Südafrika geraten. Was Gerechtigkeit bedeutet wird von dem früheren Bischof von Umtali, Donal Lamont, in seinem bekannten Brief vom 11. August 1976 so beschrieben: „... die Gefahren, die Rhodesien bedrohen, haben ihren Ursprung in der repressiven Gesetzgebung, sowie in dem Bemühen, Macht und Vorrechte der weißen Minderheit ohne Rücksicht auf die Rechte der übrigen Bevölkerung aufrechtzuerhalten".

Die Geschäftsleute waren bereits vor dem 11. November 1965 nicht mit dem geplanten Schritt in die Unabhängigkeit einverstanden. Sie befürchteten die angedrohten Sanktionen, da der Anspruch auf Legalität nicht zu halten war. Trotzdem verhielten sie sich, wie ihr Beruf es verlangte. Sie machten ihre Geschäfte weiter, wenn auch illegal und mit großen Schwierigkeiten. Ihre Vertreter kamen nach Genf, um zu beweisen, daß sie niemals ganz hinter Smith gestanden hatten, daß sie bereit seien, mit einer schwarzen Mehrheitsregierung zu arbeiten. Diese Gruppe war von allen rhodesischen Gruppen wohl am meisten über die Entwicklung enttäuscht. „Business as usual" bedeutet für sie seit 1965 „illegale Geschäfte".

Viele andere, vor allem die Farmer, kritisieren diese Einstellung. Einige Farmer planen bereits, ihre Plantagen in Brand zu setzen und ihre Häuser und Scheunen zu zerstören, wenn sie ausziehen müssen. „Unsere Großeltern haben dieses Land erobert und entwickelt", behaupten sie.

Da gibt es keinen Kompromiß. Diese Gruppe der sogenannten *Falken* (hardliners) ist seit langem mit Ian Smith unzufrieden. Sie sahen es ungern, daß er sich immer wieder an Verhandlungstische setzte, erst mit den Briten, dann mit den schwarzen Nationalisten und den Frontstaaten, dann in Genf mit allen dreien. Nach seiner Rückkehr von Genf mußte Smith wieder einmal um seine Stellung kämpfen. Er erklärte, daß er das *„Kissinger-Packet"*, wie er es nannte, nun allein durchführen wolle. Das bedeutet Reform an den verhaßten Landgesetzen, die den 270 000 Weißen dieselbe Landfläche wie den 6,2 Millionen Schwarzen zuteilen. Das bedeutet weiter die Abschaffung der Rassendiskriminierung, bessere Bedingungen für Schwarze in der Wirtschaft und nicht zuletzt, bessere politische Möglichkeiten zur Mitarbeit.

In Genf sprach Smith noch abfällig von Bischof Muzorewa. „Was sagen Sie da", sagte er auf seine gelassene Art bei seiner letzten Pressekonferenz, „der Bischof ist einsichtig? Ich habe nichts von Einsicht gehört". Über Robert Mugabe behauptete er zur gleichen Zeit, daß dieser nur soviel Anhänger habe, wie man an den Fingern einer Hand abzählen könne.

Aber diese geringschätzige Art zu sprechen, voller Widersprüche zum eigenen Verhalten, ist die Taktik, die Smith seit 1974 im Sattel hielt. Nach Genf hatte er es schwerer. Der Premier wurde von dem Vorsitzenden seiner eigenen Partei, Desmond Frost, angegriffen. Am 3. Juli 1977 trat Frost aus der Rhodesischen Front aus. Am nächsten Tag gründeten die insgesamt 12 Dissidenten die ultrarechte Rhodesische Aktionspartei (Rhodesian Action Party). Als Smith die britischen Vorschläge, die der englische Unterhändler Ivor Richard im Januar 1977 vortrug, ablehnte und so die zweite Phase der Genfer Konferenz platzen ließ, waren die *Rechten* wie Frost zuerst zufrieden. Aber dann begann Smith mit seiner eigenen „Lösung von innen". Er wollte, daß eine von ihm gegründete neue schwarze Partei, ZUPA („Zimbabwe United People's Organization") ihm zusammen mit der Massenpartei des *African National Council* von Bischof Muzorewa bei dieser eigenen Lösung helfen sollte.

Smith schlug vor, einige Reformen durchzuführen, eine neue Mehrheitsregierung zu bilden und auf diese Weise einen langsamen Übergang der Macht von weißen in schwarze Hände einzuleiten.

Smith kämpft ein gewagtes Spiel um die Macht. Im März gelang es ihm, die geplante Reform des *„Land Tenure Act"* durchzuführen. Aber es kostete ihn die Spaltung der Parlamentsfraktion der eigenen *Rhodesian Party*. Zwölf der RF Abgeordneten stellten sich gegen die Gesetzesänderung, die nur beschlossen wurde, weil drei der 16 schwarzen Abgeordneten für Smith stimmten[5].

Ende April kam der neue britische Außenminister David Owen nach Afrika. Noch kurz vorher, Ende März, erklärte Smith, er habe in Genf kein festes Versprechen gegeben, innerhalb von zwei Jahren eine Mehrheitsregierung einzuführen. Daraufhin sagte Präsident Kaunda von Sambia: „Da sieht man wieder, daß man einfach nicht weiß, ob man Smith irgend etwas glauben kann. Wie sollen wir das jetzt deuten? Wie kann man mit einem Mann wie Smith verhandeln?"

Die neuen britischen Vorschläge von David Owen wurden nicht nur wie die vorhergegangenen Vorschläge von Smith, sondern zum Teil von der *Patriotischen Front* abgeschlagen. Smith war bereit, über einen neuen Kompromiß zu sprechen. Smith wie Owen haben ihre Bemühungen nicht aufgegeben. Smith arbeitet weiter an seiner eigenen „Lösung von innen", Owen weiter an dem Versuch, eine Verfassungskonferenz einzuberufen. Ende Juli waren die sogenannten angloamerikanischen Vorschläge ausgearbeitet. Sie wurden am 4. August 1977 von Präsident Nyerere während seines Besuchs in Washington gutgeheißen, jedoch nur als Ergänzung, nicht als Alternative zum bewaffneten Kampf.

---

[5] Smith mußte die Machtprobe wagen. Er stellte sich plötzlich am 31. August 1977 den Wählern und konnt sich und seine *Rhodesian Front Party* auch völlig gegen die kleinen Oppositionsparteien von rechts und links behaupten. Wie immer, so stand auch diesmal die überwältigende Mehrheit der Weißen auf Seiten von *„good old Smithy"*.

Smith und die „Lösung von innen"

Die Lage der Weißen und damit auch die Einstellung von Smith ändert sich fast von Woche zu Woche. Vor und während der Konferenz in Genf erklärte Smith mehrere Male, er sei überzeugt, daß er mitziehen müsse, weil er sonst von allen Freunden im Stich gelassen würde. Von der Genfer Konferenz selbst sagte er dann, man hätte ihn „reingelegt". Man hätte ihn unter Vorspiegelung falscher Hoffnungen an den Konferenztisch gelockt. Er hätte erwartet, daß über das „Kissinger-Paket" verhandelt würde. Es wurde aber nicht einmal angesprochen. Afrikaner und Briten hätten neue, unakzeptable Vorschläge gemacht.

Nach Genf fühlte man sich in Salisbury sicherer, wenn auch nur für eine kurze Zeit. Man baute darauf, daß man alles getan habe, was Pretoria und Washington verlangten. Salisbury hatte den Kissinger-Vorschlag angenommen und sich kompromißbereit gezeigt. Man könne nun nicht erwarten, daß die Weißen Selbstmord begehen. Das aber würde es bedeuten, wenn man Terroristenführer über Nacht zu Kriegsministern machen würde. Vor allem Pretoria müsse zugeben, daß man zum Status quo zurückkehren müsse.

Die Unterstützung durch Südafrika war die Rückversicherung, auf die Smith in Genf gebaut hatte. Bis zu einem gewissen Punkt stimmte die Rechnung auch. Aber die Smith-Behauptung, Kissinger hätte ihm ein festes Versprechen gegeben, wurde niemals von Washington bestätigt. Vorschläge, ja; Abkommen, nein. Wie wäre das auch für ein Land möglich gewesen, das direkt nichts mit dem Problem zu tun hat und dessen Außenminister damals bereits mit einem Fuß außer Dienst war?

Smith baute noch auf etwas anderes: auf seine Erfolge im Buschkrieg und auf die zerstrittenen Nationalistenführer. Aber der Haß der Landbevölkerung gilt dem Weißen. Man begrüßt den Freiheitskämpfer als Freund. Als Bischof Muzorewa von Genf nach Salisbury zurückkehrte, wurde er zum zweiten Mal innerhalb einiger Wochen von begeisterten Massen begrüßt. Er schien Joshua Nkomo an Popularität ausgestochen zu haben. Smith versuchte also eine neue Strategie. Er wollte die ZUPO, d. h. die von ihm gegründete Partei der Häuptlinge, geführt von Senator Chief Chirau, mit dem ANC unter Muzorewa, jetzt umbenannt in *United African National Council*, verbinden.

Im März fanden Gespräche zwischen weißen Kabinettsministern und Muzorewa statt. Muzorewa sagte offen: „Wenn die Weißen uns als Teufel betrachten, so haben sie jetzt nur eine Wahl, sich die kleineren Teufel, also uns, auszusuchen". Gleichzeitig wies Muzorewa jede Behauptung scharf zurück, daß er mit Smith gemeinsame Sache machen will. Er besuchte David Owen im April und überreichte ihm die Fünf-Punkte-Resolution seiner Partei vom 27. März (siehe unten). Muzorewa umriß seine Position wie folgt:

1. Die Frontstaaten haben nicht das Recht, uns als Vertreter der schwarzen Nationalisten auszuschalten.
2. Wir bestehen darauf, einen demokratischen Weg gehen zu dürfen, das heißt: freie Wahlen.
3. Weder Smith noch die Frontstaaten noch die *Patriotische Front* können die britischen Vorschläge ablehnen. Die Briten sind die Kolonialmacht. Also müssen sie die Dekolonialisierung durchführen. Das sind sie anscheinend jetzt bereit zu tun. Darum müssen sie eine Verfassungskonferenz einberufen, wie David Owen es vorhat. Wir werden zu dieser Konferenz kommen. Sie muß zur Unabhängigkeit führen. Was danach kommt, ist Sache der Bewohner von Zimbabwe. Sie müssen sich dann in freier Wahl entscheiden können.

Smith ist inzwischen der Meinung, daß ein überwachtes Referendum notwendig sei. Er glaubt, daß Muzorewa sich dabei als erster Mann der schwarzen Mehrheit profilieren wird und daß man mit dem kleinen Bischof einen Kompromiß eingehen kann. Deswegen wurde bereits im März zwei Vertretern Muzorewas, Dr. Gordon Chavunduka[6] und Pfarrer Max Chegwida, gestattet, in einem Fernsehprogramm aufzutreten. Ein revolutionäres Ereignis für Weiß-Rhodesien.

Aber Muzorewa kann seinerseits nicht auf Smith setzen. Dann wäre seine Glaubwürdigkeit als Nationalist erschüttert. Er kann sich nur mit der Regierung in London einlassen, und genau das hat er auch vor. Gleichzeitig kämpft er um die Gunst der OAU-Staaten. Er will sie unter Druck setzen, damit diese den Entschluß der Frontstaaten, nur die *Patriotische Front* anzuerkennen, rückgängig machen.

Smith weiß aber auch, daß ihm der Bischof ohne die Befreiungskämpfer wenig nützen kann. Wenn der Krieg trotz einer Verfassungskonferenz weitergeht, so nützt das weder dem ANC noch der *Rhodesian Front*. So haben Smith und Muzorewa jeder seine eigenen Probleme. Muzorewa muß mit der OAU einen Kompromiß schließen. Er muß beweisen, daß viele der Freiheitskämpfer auf seiner Seite sind, und daß er den Krieg beenden kann, wenn es eine echte Übergabe der Macht und eine wahre Dekolonialisierung von Seiten Londons auf dem Tisch liegt. Smith wiederum muß mit seinen „rechten Falken" fertig werden. Er muß Beweise liefern, daß er ähnliches wie die „Turnhallen-Konferenz" im namibischen Windhuk zustande bringt. Das würde bedeuten:

a) Weiße werden nicht in einen Angola-ähnlichen Bürgerkrieg hineingezogen;

b) Weiße behalten in einer multirassischen Gesellschaft ihre Rechte, aber nicht ihre Privilegien;

---

[6] Chavunduka lief im August 1977 zu Sithole über. Sein Posten als UANC-Vizepräsident fiel dem Rückkehrer Chikerema zu.

c) Eine Lösung des Verfassungskonfliktes bewahrt Südafrika vor der Gefahr, daß Zimbabwe in Zukunft als Stützpunkt eines Befreiungskampfes gegen Pretoria benutzt werden kann.

Die Haltung der Weißen läßt sich etwa folgendermaßen schildern:

1. „Endlich wissen wir, was wir in zwei Jahren haben" (nach der September-Rede von Smith);
2. Ärger während der Genfer Konferenz über die Forderungen der Nationalisten;
3. Im Januar 1977 das Gefühl, alles getan zu haben, um weiter die Gunst von Pretoria und Washington zu erhalten;
4. Im Februar, mit dem weitergehenden Krieg, der Wirtschaftskrise, der Haltung von Vorster, Vorsters eigenen inneren Problemen, kam die neue Unsicherheit;
5. Die Reise Podgornys und Castros durch Afrika im April verängstigte viele, verstärkte die starre Einstellung anderer Weißer;
6. Im April liefern sich die beiden Strömungen innerhalb der *Rhodesian-Front* schwere Kämpfe: d. h. die Unterstützer von Smiths „Lösung von innen" und die „Falken", die bis zum letzten Mann kämpfen wollen oder aber bereit sind, auszuwandern und die Sündflut als Erbe zu hinterlassen.

Wenn es David Owen mit Unterstützung von Jimmy Carter nicht gelingt, eine Dekolonialisierung durchzuführen, die von der Weltöffentlichkeit als faire Lösung anerkannt wird, geht der Krieg erbarmungslos weiter. Die Weltöffentlichkeit, auch in westlichen Ländern, stellt sich immer mehr hinter die schwarze Mehrheit. Aber alle Parteien, auch die, die nicht direkt am Verhandlungstisch sitzen, wissen, daß es nicht mehr darum geht, ob es „die" Lösung des Verfassungsproblems für Rhodesien gibt. Es geht nur noch um die Art der Lösung und wann sie erfolgt. Wie diese Lösung aussieht, darin liegt der Schlüssel zum Krieg oder Frieden im übrigen südlichen Afrika.

Anhang

Eine Resolution, die Bischof Muzorewa für den *Vereinigten ANC* dem britischen Außenminister David Owen am 27. 3. 1977 überreichte:

Wir schlagen hiermit einen Fünf-Punkte-Plan vor, um mit diesem Befriedungsprogramm den Freiheitskampf von Zimbabwe zu einem Ende zu führen.

1. Mr. Smith übergibt der schwarzen Majorität sofort, ohne alle Abstriche und unwiderruflich die politische Macht und Autorität.
2. Alle Personen, die in Haft sind, mit Beschränkungen oder als politische Gefangene in den sogenannten geschützten Dörfern leben, werden befreit. Sie

können ohne Einschränkungen an dem nationalen Referendum teilnehmen, das wir im nächsten Punkt fordern.

3. Die Regierung Ihrer Majestät in Großbritannien erkennt ihre Dekolonialisierungs-Verpflichtungen an, tritt selbst in Aktion und veranlaßt durch ihre Organe, durch die Vereinten Nationen und/oder den Commonwealth folgendes:

1) Im ganzen Land wird die freie politische Tätigkeit gesichert.

2) Nach dem Beispiel der Pearce-Kommission wird ein nationales Referendum organisiert und überwacht, durch das ein nationaler Führer gewählt wird, dem Mr. Smith die Macht überträgt.

4. Allen Bewohnern Zimbabwes, wo immer sie sind, und die nationalen Guerilleros eingeschlossen, wird die Möglichkeit gegeben, an diesem nationalen Referendum teilzunehmen.

5. Anschließend beruft die britische Regierung so bald wie möglich eine umfassende Verfassungskonferenz, die eine Unabhängigkeitserklärung ausarbeitet und in allen Einzelheiten verabschiedet.

Doch diese Forderungen wurden natürlich durch die angloamerikanischen Bemühungen im Jahre 1977 überholt.

Beziehungen zwischen den Gastländern und den Freiheitsbewegungen aus Zimbabwe

Von Ruth Weiss

In Sambia war man sich zu Beginn der Unabhängigkeit bewußt, wie abhängig das Land vom Süden war. Deshalb ordnete Präsident Kaunda an, daß auf sambischem Grund und Boden keine Ausbildungslager für Freiheitskämpfer bestehen dürfen. Aktive Freiheitskämpfer dürfen sich lediglich vorübergehend und auf Durchreise aufhalten. Es wurde zwischen „Ausländern, Flüchtlingen und Angehörigen von Freiheitsbewegungen" unterschieden. Die Freiheitsbewegungen unterstehen der Aufsicht der Verteidigungskräfte. Waffen dürfen auf sambischem Boden nicht getragen werden. Trotzdem wollte Präsident Kaunda in seinem Land, das zum Frontstaat von Schwarzafrika wurde, Signale setzen. Er errichtete das sogenannte *„Liberation Centre"*. Dort unterhielten von der Organisation für Afrikanische Einheit, OAU, anerkannte Bewegungen offizielle Büros. Je sechs Vertreter einer Befreiungsbewegung hatten in Sambia Aufenthaltserlaubnis. Sie sollten in diesem Land eine öffentliche Plattform für ihre Sache haben. Trotzdem wurden diese Verordnungen unterlaufen. Und selbstverständlich behaupteten Südafrika und Rhodesien sowie früher Portugal, daß Sambia „Terroristen" Unterschlupf und Hilfe gewähre. Feindliche Truppen drangen mehrere Male bei der Verfolgung „heißer Guerilla"-Spuren in Sambia ein, griffen sambische Grenzdörfer an und legten Landminen im Grenzgebiet.

Es ist in Afrika genau so gefährlich wie im Nahen Osten, eine bewaffnete Gruppe innerhalb des Landes als Gast aufzunehmen. Sambia hat problematische Erfahrungen mit Zimbabweanern gemacht, auch mit angolanischen Freiheitskämpfern. Die Streitigkeiten zwischen Präsident Neto und Daniel Chipenda wurden zuerst in Sambia physisch ausgetragen. Ähnliche Probleme gab es auch 1976 innerhalb der namibianischen Befreiungsbewegung SWAPO.

Am 19. April 1977 wurde die Genfer Konferenz endgültig ad acta gelegt. Denn an diesem Dienstag verabschiedeten sich die Vertreter der Frontstaaten – Sambia, Mosambik, Tansania, Botswana und Angola – nach einem Gipfeltreffen in Luanda. Sie hatten über die neue Strategie in Sachen Zimbabwe verhandelt, und zwar genau einen Tag nachdem David Owen, der britische Außenminister, einen Abstecher auf seiner achttägigen Afrikareise nach Angola gemacht hatte, um Präsident Neto seinen Plan für eine angloamerikanische Initiative zu unterbreiten. Er wurde von diesem sowie von dem angolanischen Außenminister höflich empfangen. Aber das Gipfeltreffen in Luanda zeigte – wie der sambische Außenminister Siteke Mwale am Schluß berichtete –, daß eine neue Verfassungskonferenz wenig Zweck hätte. In Genf sei bewiesen worden, daß man in London und Salisbury nicht die richtige Einstellung für eine friedliche Lösung des Konfliktes hätte. Deshalb entschlossen sich die Frontstaaten erneut, den bewaffneten Kampf voll zu unterstützen. Neue Pläne für die Fortführung des Buschkrieges durch die *Patriotische Front,* eine Allianz von ZANU und ZAPU, wurden in Luanda besprochen.[1]

An diesem Punkt ist es wichtig, die Beziehungen der Befreiungsbewegungen zu den Gastländern sowie untereinander zu untersuchen. Die *Patriotische Front* selbst ist ursprünglich nur wegen der Genfer Konferenz gegründet worden. Es ging beiden Gruppen darum, mit einer Stimme zu sprechen. Außerdem waren sich beide bewußt, daß die zwei existierenden Freiheitsarmeen nach außen als Einheit auftreten müßten. Nicht nur, um glaubwürdiger zu erscheinen, sondern um gegenüber den unbewaffneten Gruppen, vor allem dem *African National Council,* stark zu sein. Und nicht zuletzt, weil man befürchtete, daß zwei Armeen nicht nur den gemeinsamen Feind, sondern sich auch gegenseitig bekämpfen könnten.

ZIPA *(Zimbabwe People's Army,* gegründet November 1975, zuerst öffentlich im März 1976 in Daressalam vorgestellt) besteht als Einheit noch immer nicht. Es gab zwar eine Zeit lang auf dem Papier ein gemeinsames Oberkommando. Aber der Kampf wurde seit 1972 fast ausschließlich durch die ZANLA *(Zimbabwe African National Liberation Army),* die Armee der ZANU, ausgetragen. Nach seiner Entlassung aus dem Gefängnis mit anderen Nationalistenführern Ende 1974 sollte Joshua Nkomo seine Freiheitskämpfer mit der ZANLA vereinigen. Das war einer der wichtigsten Punkte bei dem Abkommen vom Dezember 1974, das alle Führer im Regierungsgebäude (State House) von Lusaka unterschrieben hatten. Dieses „Einheitsprogramm" sah vor, daß es einen erweiterten *African National Council of Zimbabwe* geben solle, dem alle Parteien – der alte ANC (Muzorewa), ZAPU (Nkomo), ZANU (Sithole), FROLIZI (Chikerema) – angehörten. Bischof Abel Tendekayi Muzorewa sollte der Präsident werden. Alle Freiheitskämpfer sollten unter einem Kommando des ANC organisiert werden.

Außerdem wurde beschlossen, einen Exilflügel des ANC zu gründen. Den Führern war klar, daß dieses historische Treffen in Sambia nur stattfinden

---

[1] Die Frontstaaten Sambia, Tansania, Mosambik, Angola, Botswana haben sich zwar nach der Genfer Konferenz hinter die Allianz der *Patriotischen Front* gestellt. Das wurde auf dem Gipfeltreffen der Organisation für Afrikanische Einheit im Juli in Lomé, wenn auch mit Einschränkungen, bestätigt. Die OAE unterstützte die „Patriotische Front", nachdem Präsident Kaunda erklärte, daß man im Kriegszustand nur *eine* Armee unterstützen könne, daß aber nach der Unabhängigkeit es selbstverständlich mehrere Parteien in Zimbabwe geben könne. Leider aber gibt es zwei und nicht eine Armee: Wie die Londoner Zeitung „Daily Telegraph" am 19. Juli berichtete, gelang es Mugabe und Nkomo in ihrem Gipfeltreffen vom 16./17. Juli nicht, die zwei Armeen zu vereinigen. ZAPU soll über etwa 3 000 und ZANU über 10 000 bis 20 000 Guerilleros verfügen. ZAPUs Armee ist in Sambia, ZANU kämpft von Mosambik aus.

konnte und sie aus der Haft entlassen wurden, weil es sich um eine Initiative aus Lusaka und Pretoria handelte. Diese Initiative, die dem Umsturz vom April 1974 in Lissabon folgte, hieß damals „Dentente im südlichen Afrika".

Die Führer aus Zimbabwe wußten, daß sie Präsident Kaunda und seinen Freunden zu Dank verpflichtet waren. Dr. Kaunda hatte die Initiative nicht allein ausgehandelt. Er hatte sich rückversichert, in dem er sich mit Präsident Julius Nyerere von Tansania und Mosambiks Samora Machel sowie mit Botswanas Sir Seretse Khama absprach. Einmal waren diese Präsidenten auch vom Konflikt in Zimbabwe betroffen. Zum anderen hatte Kaunda im Jahre 1971 eine diplomatische Schlappe erlitten. Damals gab Südafrikas Premier John Vorster bekannt, daß er einen Briefwechsel mit Lusaka geführt hatte, und zwar zu einer Zeit, als sich Präsident Kaunda nach außen gegen einen geplanten Dialog der Organisation der Afrikanischen Einheit mit Pretoria gewehrt hatte. Diese Gründe und andere muß man verstehen, wenn man die Beziehungen zwischen den Gastländern selbst und den Freiheitskämpfern analysiert. Alle Präsidenten hatten seit Jahren die Zersplitterung innerhalb der zimbabweanischen Nationalisten verworfen. Präsident Kaunda machte vor etwa acht Jahren seine oft zitierte Bemerkung, daß es sich bei den Nationalisten um „chicken-in-the-basket"-Kämpfer handele – eine Anspielung darauf, daß einige der Führer sich oft in einem der besten Hotels Lusakas aufhielten, wo dieses Gericht auf dem Speisezettel steht.

Andere Sambianer haben sich ähnlich ärgerlich über die Nachbarn in ihrer Mitte geäußert, und zwar auf öffentlichen Versammlungen. Der Grund ist leicht zu finden. Seit dem Beginn der Unabhängigkeit hängt die Frage Zimbabwe wie ein Stein um den Nacken Sambias. Nordrhodesien – heute Sambia – und Südrhodesien – heute Rhodesien – waren wirtschaftlich wie siamesische Zwillinge verbunden. Seit dem 11. November 1965 versuchte die sambische Administration eine Trennung dieser Verbindung zu erzwingen. Das kostete Geld, änderte die Prioritäten der Entwicklungspläne und machte sich im täglichen Leben des einfachen Bürgers bemerkbar. Er mußte nämlich Konsumgüter, die er früher billig und regelmäßig vom Nachbarland Rhodesien erhalten konnte, aus anderen Ländern beziehen. Die Ware wurde teurer, die Lieferung wegen der längeren Transportwege unzuverlässiger.

Der Weg von Rhodesien nach Zimbabwe wurde viel langwieriger und schwieriger als Sambia und die Nationalisten es sich vorgestellt hatten. Die Mißerfolge der ersten kämpferischen Auseinandersetzungen der ZAPU, die sich mit dem *African National Congress* alliiert hatte, mit Smiths Truppen, die erfolglosen Verhandlungen zwischen London und Salisbury in den sechziger Jahren, die immer stärker unterlaufenen Sanktionen der Vereinten Nationen raubten vielen Zimbabweanern den Mut und den Nachbarländern die Geduld.

Als dann die Detente ins Rollen kam, konnte man die Freiheitskämpfer nicht konsultieren. Es ging schließlich um geheime Diplomatie zwischen Regierungen. Die Führer selbst wurden lediglich vor Tatsachen gestellt. Die inhaftierten Nationalisten wurden plötzlich im Dezember 1974 aus Salisbury ausgeflogen. Die im Exil lebenden wurden ebenso unerwartet und heimlich ins Regierungsgebäude von Lusaka gebracht.

Das erste Treffen war selbstverständlich aufregend und gefühlvoll. Doch es gab sofort Schwierigkeiten. So stellten die Präsidenten fest, daß bei der ersten Reise nicht Pfarrer Sithole sondern Robert Mugabe, ZANUs Generalsekretär angereist kam. Letzterer hatte Sithole im Gefängnis durch eine Entscheidung der inhaftierten Mitglieder des ZANU Zentralkomitees abgesetzt. Doch die Frontstaaten, wie sie später genannt wurden, bestanden auf Sitholes Anwesenheit. Außerdem bestanden Spannungen zwischen Präsident Nyerere und seinem guten Freund, dem ZANU Exilführer Herbert Chitepo. Er soll angeblich gesagt haben, daß man es sich überlegen müsse, ob man die Kameraden aus der Haft hole, da dies eventuell Komplikationen geben könne. (Chitepo wurde am 18. 3. 1975 von Unbekannten ermordet.)

In Lusaka gingen die Gespräche zwischen den Führern nur langsam voran. So langsam, daß Präsident Nyerere abflog, Präsident Kaunda sich zornig einem Golfspiel zuwandte.

Es ist wichtig, dafür kurz die Gründe zu beleuchten. ZAPU, die älteste Partei, war ein Nachkomme des *African National Congress* von 1959 von Zimbabwe. Sie wurde geführt von Joshua Nkomo, damals unter anderem mit Hilfe von James Chikerema und George Nyondoro, und war eine Massenpartei geworden. Nkomos Strategie war in den fünfziger und sechziger Jahren eine politische: „Ich habe die Unabhängigkeit in der Aktentasche", sagte er, als er von einer der vielen Konferenzen zurückkam. Innerhalb der gegebenen Institutionen zu arbeiten, das schien damals noch möglich. „Gulasch-Unabhängigkeit" nennt es die heutige Jugend. Später, nachdem Nkomo verhaftet, ZAPU im Exil unter Chikerema erfolglos zum bewaffneten Kampf überging, mußte es zu Auseinandersetzungen innerhalb der Bewegung kommen. Smiths Spitzel, seine Truppen und die Unerfahrenheit der ersten Kämpfer führten zu bitteren Niederlagen.

Daraus entstanden innerhalb der ZAPU Streitigkeiten, die teils in den Lagern, teils in den Straßen Lusakas ausgetragen wurden. Einige Führer wurden „gekidnapt". Die sambische Polizei mußte eingreifen. Über einhundert (etwa 119) Menschen wurden über die Grenze nach Rhodesien und damit in die Haft und auch in ihren Tod abgeschoben. Derartige Zwischenfälle verschärften die Spannungen zwischen Sambia und den Nationalisten. Das Resultat dieser Ereignisse des Jahres 1970 war die Gründung einer neuen Partei, FROLIZI *(Front für die Befreiung von Zimbabwe),* unter Chikerema. Es sollte eine Einheitspartei der ZAPU/ZANU werden. Aber es wurde leider nur eine dritte, kleinere Partei.

In Rhodesien selbst bildete sich 1971 der *African National Council* als Protest gegen damalige britische Kompromiß-Vorschläge. Diese Aktion gegen die „Pearce-Kommission", organisiert von Bischof Muzorewa mit Hilfe erfahrener Anhänger der alten Parteien, war das erste politische Lebenszeichen der „friedlichsten Afrikaner des Kontinents" seit 1965 (Zitat: Ian Smith). Als einmalige Aktion gedacht, bekam Muzorewas Gruppe ihren eigenen Aufschwung und ihr eigenes Leben.

Im Exil bemühte sich die OAU weiter um eine Einheitsfront und bildete das sogenannte Joint Military Command der ZANU/ZAPU, das leider nur auf dem Papier bestand. Inzwischen zeigten sich die Früchte der Arbeit von Herbert Chitepo. ZANU griff in Rhodesien Ende 1972 erfolgreich im Osten des Landes an, und ein neuer offener Konflikt entstand, der deutlich ein erfolgreicher Guerillakampf wurde. Aus einer kleinen Splitterpartei von Intellektuellen wurde ZANU zu einer Massenpartei, ideologisch geschult, mit guten Führungskräften, Unterstützung aus Peking und anderen Ländern. Vor allem erfreuten sich die Guerillas durch Stammesverbindungen der Unterstützung der Bevölkerung.

Es ist nicht populär, in Zimbabwe über Stämme zu sprechen. Ich wage es dennoch. Zimbabwe hat eine der alteingesessenen Bevölkerungsgruppen Afrikas oder besser gesagt, des südlichen Afrikas: die Stämme der Shona sprechenden Gruppe. Man schätzt, daß sie seit über 1200 Jahren in diesem Gebiet leben. Die Ndebele-Gruppe oder Matabele, wie sie die Pioniertruppen von Cecil Rhodes nannten, sind verhältnismäßige „Neulinge", Nachkommen einer Zulugruppe, die sich 1837 im heutigen Zimbabwe ansiedelte.

Die Shona-Gruppen sind also in der Mehrzahl, und es ist kein Zufall, daß die Shona auch in der ZANU in der Mehrzahl sind. Auch in der ZAPU ist das der Fall, aber hier haben viele Ndebele Schlüsselposten. Diese Tatsache allein erschwert die Zusammenarbeit zwischen den Guerilleros der beiden Gruppen. Unter den Shona gibt es aber auch Unterteilungen, ich will sie nicht ethnische Stämme nennen, aber regionale Gruppen. Die Shona-Religion beruht auf dem Ahnenkult. Da es verschiedene Ahnen gibt, eint die Religion nicht, sondern trennt. Religion spielt eine wichtige Rolle in der Bevölkerung. Zimbabweaner sind tiefgläubige Menschen. (Die christlichen Missionare haben es verstanden, den Ahnenkult in ihre Lehre einzubeziehen.)

Diese regionalen Unterschiede führten innerhalb der ZANU zu Problemen oder anders gesagt, sie halfen, Streitigkeiten zu vergrößern. Während Ende 1974 die Frontstaaten-Präsidenten noch mit den nationalistischen Führern über Einheit verhandelten und man mit Pretoria und Salisbury Kontakt hielt, ging es in den ZANU-Lagern um ganz andere Dinge. Es gab Beschwerden bei den

Kämpfern, die nach ihrer Meinung weder vom Zentralkomitee noch vom Oberbefehlskommando verstanden oder gelöst wurden. So kam es zu der sogenannten Nhari-Revolte im November 1974. Dieser Aufstand wurde zerschlagen. Aber er führte zu tragischen Reaktionen, durch die viele Menschen ums Leben kamen, unter anderem schließlich auch Herbert Chitepo.

Bei derartigen Problemen konnten die ZANU-Führer sich kaum wirklich um die Detente-Verhandlungen kümmern. Ebenfalls konnte die sambische Regierung, da die Zwischenfälle sich in Sambia abspielten, nicht untätig bleiben. Sie griff ein – zu spät und ungenügend, so wirft es ihr der 1976 veröffentlichte „Chitepo-Bericht" vor. Außerdem nahm die sambische Regierung nach Chitepos Tod im Jahre 1975 über fünfzig ZANU-Führer in Haft, ohne ihnen den Prozeß zu machen. Diese wurden wenige Tage vor der Genfer Konferenz im Zuge der Verhandlungen zwischen Nkomo und Mugabe, die zur „Patriotischen Front" führten, freigelassen.

In Tansania waren der *African National Congress* sowie der *Pan African Congress* von Südafrika, FRELIMO und MPLA von Angola, später auch ZANU unter Chitepo sowie ZAPU stets willkommen. FROLIZI wurde in Tansania verboten, aber niemals in Sambia. Joshua Nkomo verbindet eine langjährige Freundschaft mit Präsident Kaunda. Nachdem die Detente starb, nach vergeblichen Bemühungen und mehreren Treffen, ging der Buschkrieg weiter. Nach dem Scheitern des Treffens auf der Brücke über den Victoria-Fällen im August 1975, als es tatsächlich einen *African National Council* von Zimbabwe gab, der unter Muzorewa mit einer Stimme zu Smith sprach, zerfiel dieser wieder in verschiedene Teile, und zwar durch das Verhalten von Nkomo. Er weigerte sich, seine Armee aufzulösen. Er verhandelte bis Anfang 1976 mit Unterstützung von Sambia weiter mit Smith. Inzwischen blieben Sithole, Muzorewa, Chikerema zusammen. Aber die Freiheitskämpfer der ZANU waren unzufrieden, weil ihre Führungsoffiziere weiter in Sambia in Haft waren und sie den Kampf mit zweitrangigen Offizieren führen mußten.

Schließlich ergriff Präsident Machel die Initiative. Er fand, daß aufgrund der Erfahrungen der FRELIMO ein Befreiungskampf über lange Zeit hinweg ausgetragen werden müsse. Dadurch könne man in den befreiten Gebieten den Kern einer neuen Gesellschaft bilden und die Kämpfer und die Bevölkerung politisieren. Außerdem sollten die Führer aus dem Kampf und nicht aus den politischen Versammlungen hervorgehen.

Durch diese Erwägungen entstand das Oberkommando einer neuen Armee, der *Zimbabwe People's Party*, ZIPA, die eigentlich eine Einheitsarmee der ZANU- und ZAPU-Streitkräfte sein sollte. Das 18-Mann-Kommando sollte aus 9 ZANU- und 9 ZAPU-Offizieren bestehen. Die neun ZANU-Namen wurden von Josiah Tongogara, ZANLAs Oberbefehlshaber und in Sambia inhaftiert, gebilligt.

Aber ZIPA bestand nur auf dem Papier. Die ZAPU-Kämpfer verzogen sich wieder nach Sambia, die ZANU (d. h. ZANLA) blieb in Tansania und Mosambik. Die Freiheitskämpfer selbst wollten mit den politischen Führern wenig zu tun haben. Sie entschlossen sich zuletzt nur durch Robert Mugabe, der sich während der Übergangszeit in Quelimane aufgehalten hatte, mit der politischen Führung zu sprechen. Diese – d. h. Muzorewa, Sithole und Nkomo – wurden von ihren Lagern im Exil abgeschnitten. Aber Joshua Nkomo wurde von Sambia nicht fallengelassen, obwohl Präsident Kaunda einmal verkündet hat, daß Nkomo „irrelevant" werden würde, wenn seine Gespräche mit Smith fehlschlügen. 1976 wurde Sithole als Präsident der ZANU von der Mehrheit der führenden Mitglieder abgelehnt.

Als es während der diplomatischen Schachzüge im Laufe des Jahres 1976 Henry Kissinger gelang, alle Parteien an einem Konferenztisch zu vereinigen – und dieses Ergebnis der Genfer Konferenz ist ungenügend bewertet worden – bestanden die Parteien aus verschiedenen Delegationen, mit unterschiedlichen Absichten.

1. Die afrikanischen Nationalisten waren wieder einmal nicht gefragt worden; sie verzichteten, das an die große Glocke zu hängen, weil sie wußten, daß sie auf die Nachbarn angewiesen waren.

2. Robert Mugabe und Nkomo handelten die *Patriotische Front* aus. Mugabe konnte seinen Ruf, seinen Posten als Generalsekretär der ZANU den unbekannten ZANU-Kämpfern anbieten. Von diesen akzeptiert, konnte er mit Nkomo verhandeln. Nkomo wiederum hatte die Gunst Sambias anzubieten. Er erreichte, daß kurz vor Genf die ZANU-Führer aus der sambischen Haft befreit wurden. Zuletzt konnte Nkomo seine langjährige Verbindung zu Moskau anbieten. Das bedeutete bei Aufnahme des Kampfes neue Quellen für die Militärausrüstung der Freiheitskämpfer.

Nkomo mußte einen Partner haben. Er hatte nach seiner Entlassung aus der Haft bemerkt, daß er an Popularität stark eingebüßt hatte. Man warf ihm vor, machthungrig zu sein, seinem eigenen Komfort nachzugehen und seine eigenen Interessen und nicht die der Bevölkerung an die erste Stelle zu setzen. Von der jungen Generation wurde ihm eine unpolitische Haltung vorgeworfen.

3. Muzorewa hatte in der Tat Nkomo in der Popularität unter den Massen ersetzt, was er zuerst nicht glaubte, dann nicht verkraften konnte. Muzorewa selbst bestand darauf, mit einer eigenen Delegation nach Genf zu kommen. Auf kurze Sicht war das vertretbar. Auf lange Sicht wird Muzorewa immer mehr von seiner Machtbasis verlieren. Bei einem bewaffneten Kampf ist jeder Tag ein Verlust für einen Mann, der sich an den alten Slogan von „ein Mann – eine Stimme" klammert.

Was die Beziehungen ZANU/Frontstaaten anbetraf, so war es in Genf deutlich, daß Sambia wie auch die Freiheitskämpfer bemüht waren, die alten Narben nicht zu berühren. ZANU hatte Sambia angeklagt, daß die Häftlinge schlecht behandelt, sogar gefoltert worden seien. Tongogara und zwei andere wurden vom Gericht wenige Tage vor Genf frei gesprochen, weil ein Zeuge angeblich unter Druck ausgesagt hatte. Doch in Genf waren die Vertreter von Sambia, vor allem Mark Chona, der persönliche Referent von Präsident Kaunda, ständig bei der ZANU-Delegation, und diese wurde unter anderem auch von sambischen Spenden unterstützt.

Die Beziehungen innerhalb der ZANU sind noch immer nicht geklärt. Das Haus ist noch nicht ganz in Ordnung gebracht worden. Erstens geht es noch immer um die Folgen der Nhari-Revolte; zweitens um die Stellung von Muzorewa, dessen ANC weiter in Zimbabwe um Freiheitskämpfer wirbt. Es darf nicht vergessen werden, daß acht Muzorewa-Anhänger im letzten Jahr von Smith gehängt wurden. Drittens geht es um das Verhältnis zwischen Freiheitskämpfern und politischen Führern. Es war bezeichnend, daß in Genf sich eine Gruppe ZANU-Politiker und eine Gruppe ZANU-Kämpfer bildete. Sind ihre Interessen identisch? Wird Mugabe zum ZANU-Präsidenten gewählt werden, oder wird ein neuer Führer oder eine Führerschicht aus dem bewaffneten Kampf hervorgehen?[2]

Noch offen ist zu diesem Zeitpunkt das Verhältnis innerhalb der *Patriotischen Front*. Gibt es tatsächlich jetzt *eine* Armee? Podgorny hat materielle Hilfe versprochen. Präsident Kaunda sagte mir, es würden einmal Waffen (hardware) sein, die direkt an die Befreiungsarmee gehen. Außerdem finanzielle Hilfe für die OAU und materielle Hilfe für Sambia (wahrscheinlich also auch Tansania), da das Land unter wirtschaftlichen Druck enorm leidet. Aber können sich ZAPU- und ZANU-Kämpfer einigen? Wird es einen Oberbefehlshaber geben? Die Ermordung von ZAPUs Jason Moyo im letzten Jahr war eine weitere Tragödie für Zimbabwe. Moyo war der Mann, der von den ZAPU-Kämpfern als ihr Führer anerkannt war. Er hat auch die *Patriotische Front* zusammengeführt.

Seit etwa November 1976 wird auch Botswana immer mehr in den Konflikt hineingezogen. Es gibt schätzungsweise ungefähr 60 000 Exil-Zimbabweaner in benachbarten Staaten. In der ersten Hälfte 1977 strömten die jungen Leute über die Grenze nach Botswana. Im April hat Botswana endlich dem Druck

---

[2] Mitte September 1977 gewann Mugabe eine wichtige Schlacht, wenn nicht sogar seinen eigenen Krieg. Bei einem ZANU-Kongreß in Chimoio, dem größten ZANU-Lager in Mosambik, wurde Mogabe zum ZANU-Präsidenten gewählt. Damit zerschlug sich ein Komplott der starken „*Karanga Gruppe*" (Karanga sind ein Shona-Stamm, der in der Nähe der Stadt Fort Victoria einheimisch ist). Mugabe genoß die Unterstützung des ebenfalls Karanga zugehörenden Guerillaführers Josia Tongogara. Damit konnte sich Mugabe gegen die von Leuten wie Henry Hamadziripi, Rugare Gumbo, Mukudzei Mudzi geführte Gruppe durchsetzen.

nachgegeben und eine Armee gegründet – nur zur Verteidigung, denn die Übergriffe von Smiths Truppen an der Grenze nehmen überhand. Die Sowjetunion sowie Nigeria haben bereits ihre Hilfe angeboten, die neue Armee – es wird sich nur um eine kleine Einheit handeln – auszubilden. Inzwischen ist die Belastung durch die Flüchtlinge in Botswana und Sambia groß und wird sich nun mit der Fortsetzung des Krieges ständig vergrößern.

Was die Nachbarstaaten selbst betrifft, so sind sie in einem Frontstaaten-Komitee der OAU vereint. Aber sie vertreten trotzdem verschiedene Interessen. Sambia weiß, daß auf lange Sicht wirtschaftliche Probleme die Regierung Kaunda gefährden. Also wäre eine schnelle Lösung des Zimbabwe-Problems wünschenswert. Eine Öffnung der Transportwege nach dem Süden würde eine Erleichterung bringen. Aber das ist nur einer der wichtigen Gründe, die Kaunda veranlassen, auf eine friedliche und in jedem Fall baldige Lösung zu hoffen. Präsident Kaunda sagt immer wieder, daß er Humanist und Christ ist, kein Kommunist. Für ihn sind gewiß einige Aspekte der Politik von Angola und Mosambik nicht annehmbar. Auch mit Präsident Nyerere, den er verehrt, muß es Meinungsverschiedenheiten – wie unter allen Freunden – geben. Nyerere selbst soll zu einem wichtigen Zeitpunkt Muzorewa unterstützt haben. Aber auch er mußte sich der Mehrheit des OAU-Komitees anschließen, für die *Patriotische Front* votieren und so den bewaffneten Kampf bis zum bitteren Ende unterstützen.

Es ist Ironie der Geschichte, daß auch diese Unterstützung der *Patriotischen Front*, selbst wenn sie sich später als richtig herausstellen sollte, ein Eingriff in die Souveränität der schwarzen Bevölkerung von Zimbabwe ist. Wer hat sie nach ihrer Meinung gefragt?

Das Argument, ein Referendum könnte unter Smith nicht stattfinden, stimmt nicht ganz. Die Aktion „Nein-zu-Pearce" hat es bewiesen. Die Massen von Zimbabwe wissen, daß sie in einer ungerechten Gesellschaft leben. Sie wissen, daß man sie entmachtet hat. Sie wollen die weiße Minderheitsregierung ablösen. Aber sie sollten selbst entscheiden, wer danach kommen soll. Sicher, sie haben Verständnis für den Krieg. Sie wissen, daß man als verzweifelten Ausweg die Gewalt wählen mußte. Aber man sollte die Wahl der Führer dem Volk überlassen. Das weitere Argument, daß sie nicht genug politisch geschult sind, könnte man nur annehmen, wenn man sicher ist, daß nach der Machtübernahme wirklich eine derartige „Politisierung" durchgeführt wird. Es sind verschiedene Gefahren, die in Zimbabwe vermieden werden müssen: zum einen, daß eine neue bürgerliche Schicht die Weißen ersetzt. Das fürchtet man vor allem von Nkomos Seite, und das wäre Neo-Kolonialismus. Zweitens, wenn man zu abhängig von den Nachbarn und Helfern im Krieg wird. Deswegen die ZANU-Parole „Wir sind unsere eigenen Befreier, und in Zimbabwe selbst dürfen nur Zimbabweaner, keine Fremden kämpfen". Und schließlich muß man auch verhindern, daß eine weiße Minderheitsregierung durch eine schwarze Minderheitsregierung ersetzt wird.

Die Beispiele Mosambik und Angola haben diese und andere Gefahren gezeigt. Vielleicht wird es den Gruppen von Zimbabwe gelingen, eine echte Volkspartei und eine Regierung zu bilden, die den Interessen aller Bevölkerungsteile gerecht wird.

Der Stand 1977

Von Ruth Weiss

Im Juli/August 1977 verhärteten sich die Fronten. Zum ersten Mal mußte Ian Smith sich ernstlich gegen die Falken der neuen Rhodesian Action Party verteidigen. Er löste das Parlament im Juli auf und kündigte neue Wahlen für etwa 85 000 Wahlberechtigte (darunter nur eine kleine Anzahl Schwarzer) an. Der Wahltag wurde auf den 31. August festgesetzt. Daraufhin beschleunigte der britische Außenminister David Owen seine eigenen Pläne und gab am 25. Juli nach Rückkehr von einer zweitägigen Reise nach Washington bekannt, daß die neuen angloamerikanischen Vorschläge vorbereitet seien.[1] Einzelheiten wurden nicht bekannt gegeben. Es sickerte aber durch, daß die Vorschläge unter anderem freie Wahlen nach dem Prinzip „ein Mann – eine Stimme" enthielten sowie die Anwesenheit eines britischen Kommissars während einer Übergangsperiode, der mit einer Truppe für Recht und Ordnung verantwortlich sein würde. Es ging den westlichen Diplomaten um die Übergabe der Macht an die Mehrheit sowie um die Sicherheit der weißen Minorität.

Die Uneinigkeit der Nationalisten trat wiederum deutlich hervor. Die Massendemonstration am 17. Juli für Bischof Muzorewa nach dessen Rückkehr nach Salisbury bewies erneut, daß er unter der Masse der Bevölkerung Vertrauen genießt. Gleichzeitig sprachen die Führer der ZAPU, Joshua Nkomo, und der ZANU, Robert Mugabe, sowie der Guerillahäuptling Josiah Tongogara keineswegs mit einer Stimme.

Während Mugabe in Peking Unterstützung fand, sprach er von „Sozial-Imperialismus". Dieser Angriff gegen Moskau fand zu einer Zeit statt, in der ZAPU-Führer die Ostblockländer besuchten und Nkomo selbst kurz vor einem Besuch in Kuba stand. Es war auch nicht deutlich, ob diese Führer der Allianz „Patriotische Front" die angloamerikanischen Bemühungen völlig oder nur teilweise ablehnten.

Muzorewa veröffentlichte seinen sogenannten Vier-Punkte-Plan in der letzten Juliwoche. Dieser Plan verlangte:

Die sofortige Einsetzung einer Verfassungskommission, an der die ANC (jetzt UANC) und die britischen und rhodesischen Regierungen teilnehmen sollen; der Verfassungsentwurf solle von der Kommission innerhalb von 3 Monaten

---

[1] Die Vorschläge wurden nach der Wahl in Rhodesien am 2. September bekannt gegeben. Siehe Seite 86.

vorgelegt werden; diese Verfassung solle bis zum Januar 1978 verabschiedet sein; allgemeine Wahlen unter dieser Verfassung sollen bis März 1978 abgehalten werden.

Selbstverständlich wurde der Plan von der Patriotischen Front verworfen. Ein Vorschlag, der nur die UANC in Betracht zieht, ist genau so unrealistisch wie einer, der nur von der Patriotischen Front spricht.

Am 1. August trat Präsident Nyerere eine Reise nach Kanada, Amerika und Jamaika an. Er hielt sich zu einer Stipvisite in Frankfurt am 1. August auf. Kurz vor dieser Reise traf sich das Frontstaaten-Komitee der OAU unter dem Vorsitz von Nyerere in Lusaka. Auf einer Pressekonferenz erklärte Präsident Nyerere daraufhin, daß es nicht die Absichten der Frontstaaten sei, dem Volk von Zimbabwe irgendwelche Führer aufzuzwingen. Doch er betonte, daß diese Führer *nach* der Befreiung durch die *ZIPA* (also die sogenannte Einheitsarmee der ZAPU und ZANU) gewählt werden würden.[2]

Der tansanische Präsident war der erste Führer aus Schwarzafrika, der mit Präsident Carter zusammentraf und der die Interessen der schwarzen Mehrheit im südlichen Afrika vertrat. Nach dieser kollegialen und ausführlichen Begegnung schien Präsident Nyerere zum ersten Mal überzeugt, daß Amerika bereit sei, das Machtverhältnis im südlichen Afrika zugunsten der schwarzen Mehrheit zu verändern. Er erklärte, daß er nunmehr die angloamerikanischen Vorschläge und Bemühungen annehme; jedoch diese könnten den bewaffneten Kampf nicht ersetzen, sie könnten nur parallel laufen und ihn unterstützen. Smith werde nur durch Gewalt beseitigt werden.

---

[2] Hier muß erklärt werden, wodurch die vielen Verwirrungen mit dem Namen „African National Council" entstanden sind. Der ANC war die einzige erlaubte politische Bewegung seit 1971. ZAPU und ZANU wurden in den sechziger Jahren verboten. Nkomo benutzte also den Namen „ANC", was zu Beschreibungen wie „Nkomos ANC" oder „innere und äußere ANC", geführt von „Nkomo, beziehungsweise von Muzorewa", Anlaß gab. Es gab jedoch stets nur Muzorewas ANC, der im Dezember 1974 auch ZANU, ZAPU, FROLIZI einschloß, doch durch Nkomos Ausschluß im September 1975 ZAPU verlor, nachdem 1976 Sithole durch Mugabe als Führer der ZANU ersetzt wurde, beschrieb auch ZANU sich wieder als eigene Partei, im Exil.

Die Parteien unterscheiden sich durch folgende Differenzen:
Muzorewas ANC findet Unterstützung in der, oft politisch ungeschulten, Masse und vor allem unter der älteren Generation; Nkomos ZAPU untersteht ihm ganz; Nkomo ist Partei- sowie Armeeführer. Die Ndebele-Gruppe unterstützt ZAPU. Diese Partei wird seit langem von Moskau unterstützt. ZANU hat eine Parteiverfassung und strengere Disziplin als ZAPU, ist aber in Gruppen aufgeteilt: Armee gegen die politischen Führer; die Armeeführer unter sich sind nicht völlig einig; es gibt regionale Loyalitäten; es gibt ideologische Differenzen.

ZAPU sowie ZANU sind Druck von außen ausgesetzt (durch die Frontstaaten sowie durch die Supermächte).

Südafrika ist mit den amerikanischen Bemühungen keineswegs so befriedigt wie Nyerere. Am 5. August erklärte Vorster, daß Amerika krampfhaft versuche, die Dritte Welt zufriedenzustellen, daß dies aber nur zum Chaos führen könne.

Die angloamerikanischen Vorschläge beziehen sich auf sieben Grundprinzipien:
1. „Kapitulation" des illegalen Regimes durch die Rückkehr zur Legitimität;
2. Eine friedliche Übergangsperiode mit einem sofortigen Waffenstillstand;
3. Freie Wahlen unter der Parole „ein Mann – eine Stimme";
4. Ein britischer Bevollmächtigter in der Übergangszeit;
5. Ein V.N. Vertreter während des gleichen Zeitraumes;
6. Ausarbeitung einer Verfassung mit gleichen Rechten für alle;
7. Errichtung eines Entwicklungsfonds zur Rehabilitierung der Wirtschaft.

Die Briten setzten den ehemaligen Oberkommandierenden der britischen Armee, Feldmarschall Lord Carver, als residierenden Bevollmächtigten vor. Im Oktober erhielt der indische General Prem Chand den Posten als V.N. Bevollmächtigter in Sachen Rhodesien.

Im September und Oktober gingen die diplomatischen Bemühungen, der Buschkrieg und die Widersprüche weiter. Einmal wurde berichtet, daß die Patriotische Front, dann Smith, dann die Frontstaaten die angloamerikanischen Vorschläge ablehnen, dann wiederum daß alle drei Parteien sie als Basis zu weiteren Verhandlungen akzeptieren.

Trotz aller ungenauen Berichte oder unbekannten Stellungnahmen wurde für November ein Zusammentreffen von Lord Carver und General Prem Chand in Salisbury mit Smith vereinbart. Robert Mugabe, dessen ZANU- und ZANLA-Armee zweifelsohne den stärksten Widerstand gegen die Vorschläge leistet, wurde zu Gesprächen eingeladen. Dank seiner Streitkräfte ist ZANU in einer Machtposition, die von allen anderen Parteien respektiert werden muß.

Ende Oktober also war es noch keineswegs klar, wie gefürchtet, daß in der Tat die Gewalt siegen wird – obwohl die Verhärtung der weißen und schwarzen Fronten nach der gescheiterten Genfer Konferenz spürbar war. Sollte die Gewalt siegen, laufen die Zimbabweaner – schwarz und weiß – die Gefahr, einen Generationswechsel in der schwarzen Führerschaft schneller herbeizuführen, als es normalerweise der Fall wäre. Es ist bezeichnend, daß die alten Führer, Nkomo, Mugabe, Muzorewa, Sithole und ihre nächsten Freunde, alle Vertreter der alten Bürgerschicht sind und keineswegs die „roten" Revolutionäre, wie der weiße Rhodesier sie darstellt (Muzorewa und Sithole sind Methodisten und Geistliche, Mugabe ist gläubiger Katholik, Nkomo war Laienpriester). Die junge Generation ist in der Tat ideologisch anders geprägt, verwirft die westlich-christlichen Werte. Bislang hat sie den traditionellen Respekt vor den Älteren noch nicht abgelegt. Jedoch je länger der Kampf dauert und je mehr die Unabhängigkeit von der Gewalt abhängt, desto schwächer werden die traditionellen Bindungen. Es ist eine der vielen tragischen Züge dieser unnötigen Auseinandersetzung zwischen der illegalen Siedlerregierung und der schwarzen Mehrheit, daß die Weißen sich vor den rechtmäßigen älteren Führern schützen und so den Weg für andere, jüngere und radikalere Elemente öffneten.

Anhang

1. Aus der einstimmig angenommenen Resolution des UN-Sicherheitsrates Nr. 253 (1968) vom 29. Mai 1968

Der Sicherheitsrat ...
— unter Verurteilung der kürzlich durch das illegale Regime in Südrhodesien vorgenommenen unmenschlichen Hinrichtungen, die das Gewissen der Menschheit schamlos verletzt haben und von der ganzen Welt verurteilt worden sind,
— in Bekräftigung der in erster Linie der Regierung des Vereinigten Königreichs obliegenden Verantwortung, der Bevölkerung von Südrhodesien die Möglichkeit zur Erlangung der Selbstbestimmung und Unabhängigkeit zu geben, und insbesondere der Verantwortung dieser Regierung für die Bereinigung der gegenwärtigen Lage,
— in Anerkenntnis der Rechtmäßigkeit des Kampfes der Bevölkerung von Südrhodesien, in Übereinstimmung mit den Zielen der Entschließung 1514 (XV) der Generalversammlung in den Genuß ihrer in der Charta der Vereinten Nationen niedergelegten Rechte zu gelangen,
— in Bekräftigung seiner Feststellung, daß die gegenwärtige Lage in Südrhodesien eine Bedrohung des Weltfriedens und der internationalen Sicherheit darstellt,
— handelnd aufgrund des Kapitels VII der Charta der Vereinten Nationen,

1. verurteilt hiermit alle Maßnahmen der politischen Unterdrückung einschließlich von Festnahmen, Inhaftierungen, Gerichtsverfahren und Hinrichtungen, welche die Grundfreiheiten und Grundrechte der Bevölkerung von Südrhodesien verletzen, und fordert die Regierung des Vereinigten Königreichs auf, alle ihr möglichen Maßnahmen zu treffen, um diesem Vorgehen ein Ende zu setzen;

2. fordert das Vereinigte Königreich als Verwaltungsmacht auf, in Wahrnehmung seiner Verantwortung sofort alle wirksamen Maßnahmen zu treffen, um die Rebellion in Südrhodesien zu beenden und der Bevölkerung die Möglichkeit zu geben, in Übereinstimmung mit den Zielen der Entschließung 1514 (XV) der Generalversammlung in den Genuß ihrer in der Charta der Vereinten Nationen niedergelegten Rechte zu gelangen;

3. beschließt, daß in Verfolgung des Ziels einer Beendigung der Rebellion alle Mitgliedstaaten der Vereinten Nationen folgendes zu verhindern haben:
   a) die Einfuhr aller aus Südrhodesien stammenden und von dort nach dem Datum dieser Entschließung ausgeführten Waren und Erzeugnisse in ihr Hoheitsgebiet (gleichviel, ob die Waren oder Erzeugnisse für den Verbrauch oder die Weiterverarbeitung in ihrem Hoheitsgebiet bestimmt sind oder nicht und ob sie unter Zollverschluß eingeführt werden oder nicht und ob der Hafen oder sonstige Platz, wo sie eingeführt oder gelagert werden, eine besondere Rechtsstellung hinsichtlich der Einfuhr von Waren genießt oder nicht);
   b) alle Tätigkeiten ihrer Staatsangehörigen — oder in ihrem Hoheitsgebiet —, welche die Ausfuhr von Waren oder Erzeugnissen aus Südrhodesien fördern

würden oder fördern sollen, sowie alle Handelsgeschäfte ihrer Staatsangehörigen — oder in ihrem Hoheitsgebiet — mit aus Südrhodesien stammenden und von dort nach dem Datum dieser Entschließung ausgeführten Waren oder Erzeugnissen, unter Einschluß insbesondere der Transferierung von Geldmitteln nach Südrhodesien für diese Tätigkeiten oder Handelsgeschäfte;

c) die Beförderung aller aus Südrhodesien stammenden und von dort nach dem Datum dieser Entschließung ausgeführten Waren oder Erzeugnisse mit bei ihnen eingetragenen oder an ihre Staatsangehörigen vercharterten Schiffen oder Luftfahrzeugen sowie die Beförderung solcher Waren oder Erzeugnisse durch ihr Hoheitsgebiet auf dem Landweg (gleichviel ob unter Zollverschluß oder nicht);

d) den Verkauf oder die Lieferung von Waren oder Erzeugnissen (gleichviel, ob aus ihrem Hoheitsgebiet stammend oder nicht) durch ihre Staatsangehörigen oder aus ihrem Hoheitsgebiet an Personen oder andere Rechtsträger in Südrhodesien sowie derartige Verkäufe oder Lieferungen an sonstige Personen oder andere Rechtsträger für die Zwecke von Geschäften, die in Südrhodesien oder von dort aus betrieben werden, sowie alle Tätigkeiten ihrer Staatsangehörigen — oder in ihrem Hoheitsgebiet —, die derartige Verkäufe oder Lieferungen fördern oder fördern sollen; dies gilt jedoch nicht für ausschließlich medizinische Versorgungsgüter, Lehr- oder Lernmittel und Ausrüstungen zur Verwendung in Schulen und anderen Bildungsanstalten, für Veröffentlichungen, Nachrichtenmaterial und bei Vorliegen besonderer humanitärer Umstände für Nahrungsmittel;

e) die Beförderung derartiger Waren oder Erzeugnisse, die an Personen oder andere Rechtsträger in Südrhodesien adressiert sind oder die an sonstige Personen oder andere Rechtsträger für die Zwecke von Geschäften adressiert sind, die in Südrhodesien oder von dort aus betrieben werden, mit bei ihnen eingetragenen oder an ihre Staatsangehörigen vercharterten Schiffen oder Luftfahrzeugen, sowie die Beförderung derartiger Waren oder Erzeugnisse durch ihr Hoheitsgebiet auf dem Landweg (gleichviel, ob unter Zollverschluß oder nicht);

4. beschließt ferner, daß alle Mitgliedstaaten der Vereinten Nationen dem illegalen Regime in Südrhodesien oder einem Handels- oder Industrie- oder Fremdenverkehrsunternehmen oder einem öffentlichen Versorgungsbetrieb in Südrhodesien weder Geldmittel zu Anlagezwecken zur Verfügung stellen noch sonstige finanzielle oder wirtschaftliche Hilfsquellen erschließen dürfen und zu verhindern haben, daß ihre Staatsangehörigen und sonstige, in ihrem Hoheitsgebiet befindliche Personen dem Regime oder einem derartigen Unternehmen oder Betrieb solche Geldmittel oder Hilfsquellen erschließen oder sonstige Mittel an Personen oder andere Rechtsträger in Südrhodesien überweisen; ausgenommen sind Zahlungen, die ausschließlich für Rentenleistungen oder für ausschließlich medizinische, humanitäre oder erzieherische Zwecke oder für die Versorgung mit Nachrichtenmaterial und — bei Vorliegen besonderer humanitärer Umstände — mit Nahrungsmitteln bestimmt sind;

5. beschließt ferner, daß alle Mitgliedstaaten der Vereinten Nationen
a) wenn nicht außergewöhnliche humanitäre Gründe vorliegen — die Einreise von Personen in ihr Hoheitsgebiet zu verhindern haben, die mit einem südrhodesischen Paß, gleichviel mit welchem Ausstellungsdatum, oder mit einem von dem illegalen Regime in Südrhodesien oder in seinem Namen ausgestellten angeblichen Paß reisen;
b) alle ihnen möglichen Maßnahmen zu treffen haben, um die Einreise von Personen in ihr Hoheitsgebiet zu verhindern, bei denen die begründete Annahme besteht, daß sie ihren gewöhnlichen Aufenthalt in Südrhodesien haben und die rechtswidrigen Handlungen des illegalen Regimes in Südrhodesien oder Tätigkeiten gefördert oder unterstützt haben oder vielleicht noch fördern oder unterstützen, die dazu bestimmt sind, eine in dieser Entschließung oder in der Entschließung 232 (1966) vom 16. Dezember 1966 beschlossene Maßnahme zu umgehen;
6. beschließt ferner, daß alle Mitgliedstaaten der Vereinten Nationen die in ihrem Hoheitsgebiet errichteten Luftverkehrsgesellschaften und die bei ihnen eingetragenen oder an ihre Staatsangehörigen vercharterten Luftfahrzeuge daran zu hindern haben, Luftverkehr von und nach Südrhodesien zu betreiben oder mit einer in Südrhodesien errichteten Luftverkehrsgesellschaft oder mit dort eingetragenen Luftfahrzeugen Verbindungen herzustellen;
...
8. fordert alle Mitgliedstaaten der Vereinten Nationen oder der Sonderorganisationen auf, alle ihnen möglichen Maßnahmen zu treffen, um eine Betätigung ihrer Staatsangehörigen und in ihrem Hoheitsgebiet befindlicher Personen zur Förderung, Unterstützung oder Begünstigung der Auswanderung nach Südrhodesien zu verhindern und dadurch dieser Auswanderung Einhalt zu gebieten;
...
12. bedauert zutiefst die Haltung der Staaten, die ihren Verpflichtungen nach Artikel 25 der Charta nicht nachgekommen sind, und tadelt insbesondere diejenigen Staaten, die trotz seiner Entschließungen ihren Handel mit dem illegalen Regime beharrlich fortgesetzt haben, und diejenigen, welche das Regime aktiv unterstützt haben;
13. richtet an alle Mitgliedstaaten der Vereinten Nationen die dringende Bitte, der Bevölkerung von Südrhodesien in ihrem Kampf um Freiheit und Unabhängigkeit moralische und materielle Hilfe zu leisten;
...
15. bittet die Mitgliedstaaten der Vereinten Nationen, die Organisation der Vereinten Nationen, die Sonderorganisationen und die sonstigen internationalen Organisationen im System der Vereinten Nationen, Sambia vorrangig zu unterstützen, um ihm bei der Lösung aller besonderen wirtschaftlichen Probleme zu helfen, die ihm etwa aus der Durchführung dieser Beschlüsse des Sicherheitsrats erwachsen;
...
17. vertritt die Ansicht, das Vereinigte Königreich solle als Verwaltungsmacht sicherstellen, daß keine Regelung herbeigeführt wird, welche nicht die Meinun-

gen der Bevölkerung von Südrhodesien und insbesondere der für eine Mehrheitsregierung eintretenden politischen Parteien berücksichtigt, und daß die Regelung für die Bevölkerung von Südrhodesien insgesamt annehmbar ist;
...
23. beschließt ferner, diese Angelegenheit zwecks weiteren Vorgehens, soweit ein solches im Hinblick auf ihre Entwicklung sachdienlich ist, auf seiner Tagesordnung zu belassen.
Abstimmungsergebnis: Einstimmige Annahme.

2. Resolution des Zentralausschusses des Ökumenischen Rates der Kirchen, Utrecht, August 1972

Der Zentralausschuß

unterstützt den Aufruf des Afrikanischen Nationalrates in Rhodesien zur Einberufung einer nationalen Versammlung mit dem Ziel, eine konstitutionelle Konferenz zur Aushandlung einer „gerechten, ehrenhaften und demokratischen Regelung" für Rhodesien vorzubereiten;

schließt sich der Beschlußfassung des Exekutivausschusses *an*, der auf seiner Tagung in Auckland an die Regierung des Vereinigten Königreichs appellierte, sie möge ihrer weiterbestehenden Verantwortung solange nachkommen, bis allen Menschen in Rhodesien volle politische Rechte zugestanden werden;

stellt sich mit Nachdruck hinter die Beschlußfassung des Exekutivausschusses, der in Auckland die Mitgliedskirchen des ÖRK in aller Welt aufforderte, alles zu versuchen, um ihre jeweiligen Regierungen von der Notwendigkeit zu überzeugen, daß sie wirtschaftliche Sanktionen rigoroser durchführen und solange stärksten politischen Druck auf das gegenwärtige Regime ausüben müssen, wie das System der Rassendiskriminierung im Lande besteht;

empfiehlt anerkennend das Vorgehen des Britischen Kirchenrates, der die Regierung des Vereinigten Königreichs drängt, auch weiterhin strikt an den Sanktionen gegenüber Rhodesien festzuhalten und der illegalen Regierung die Anerkennung zu verweigern;

bedauert die Entscheidung der Vereinigten Staaten von Amerika, die von den Vereinten Nationen geforderten obligatorischen Sanktionen gegenüber Rhodesien durch Aufhebung des Einfuhrembargos für Chromerz aus Rhodesien zu verletzen, und fordert die Regierung der Vereinigten Staaten auf, diese Entscheidung umgehend zu überprüfen; und

appelliert an alle Mitgliedskirchen, zusammen mit der Kommission der Kirchen für Internationale Angelegenheiten und mit dem Referat zur Bekämpfung des Rassismus ein dynamisches Programm in Angriff zu nehmen, um Gewerkschaften und sonstige einflußreiche Sektoren der öffentlichen Meinung zu sensibilisieren und zur Unterstützung und Intensivierung der UN-Sanktionen gegen Rhodesien zu bewegen.

3. Aus einer Resolution des Zentralausschusses des Ökumenischen Rates der Kirchen, Genf, August 1976

Der Befreiungskampf im südlichen Afrika ist in eine neue und äußerst kritische Phase eingetreten. Die Ausweitung des Krieges in Zimbabwe (Rhodesien), die der südafrikanischen Regierung vom UN-Sicherheitsrat gesetzte Frist zur Befolgung der UN-Anweisungen zu Namibia sowie die Aufstände in Südafrika sind deutliche Anzeichen dafür, daß der Kampf um Freiheit und Menschenwürde in diesen Ländern ein neues Stadium erreicht hat. Der Zentralausschuß erinnert an die Erklärung der Fünften Vollversammlung (Bericht der Sektion V), in der es heißt: „Das südliche Afrika verdient weiterhin Priorität in den gemeinsamen Bemühungen der Kirchen, weil sie gerade in diesem Gebiet selbst in diese Probleme verwickelt sind und weil hier Rassismus im Gesetz verankert ist. Hier steht unsere Treue zu der ganzen Botschaft auf dem Spiel, die der Kirche anvertraut ist."

Zimbabwe

In Zimbabwe hat sich durch den Abbruch der „Verfassungsgespräche", die Schließung der Grenze durch Mosambik und die Ausweitung des bewaffneten Kampfes durch die Befreiungsbewegungen die Lage entscheidend geändert. Wie in einem kürzlich veröffentlichten Bericht der Internationalen Juristenkommission überzeugend dargelegt wird, verfolgt das illegale rhodesische Regime eine „zunehmend repressive Politik und übernimmt mehr und mehr die Gesetze und Wertvorstellungen des südafrikanischen Apartheidsystems".

Der Zentralausschuß des Ökumenischen Rates der Kirchen *bekundet* seine ernste Besorgnis angesichts der fortgesetzten Unterdrückung des Volkes von Zimbabwe durch ein illegales Regime, angesichts der willkürlichen Inhaftierung und Gefangenhaltung politischer Führer und anderer Personen, angesichts der Hinrichtung von Angehörigen der Befreiungsbewegungen, angesichts krimineller Maßnahmen wie kollektive Strafen und angesichts der fortgesetzten Verweigerung der Menschenrechte — die allesamt als „Erhaltung der westlichen Zivilisation" getarnt werden; und

ruft die Mitgliedskirchen *auf*, sich verstärkt darum zu bemühen, die Öffentlichkeit über die Lage in Rhodesien zu informieren und für die Befreiung von Zimbabwe zu gewinnen und dem Volk von Zimbabwe jede moralische, politische und humanitäre Hilfe zukommen zu lassen, die es für den Kampf um die Durchsetzung seines Rechts auf Selbstbestimmung und Unabhängigkeit braucht.

4. Ian Smiths Rede vom 24. September 1976

Wie Sie alle wissen, habe ich in Pretoria kürzlich eine Reihe von Gesprächen geführt, zunächst mit dem südafrikanischen Premierminister, dann mit Dr. Kissinger und schließlich mit Dr. Kissinger und Mr. Vorster gemeinsam.

Bei diesen Treffen wurde die Position Rhodesiens hinsichtlich der Beziehungen zum übrigen südlichen Afrika und zu den westlichen Nationen überhaupt äußerst ausführlich diskutiert. Den Kollegen, die mich begleitet haben, und mir wurde unmißverständlich klargemacht, daß wir keinerlei Hilfe oder Unterstützung von der freien Welt erwarten könnten, solange die gegenwärtigen Umstände in Rhodesien herrschen. Im Gegenteil, der Druck der freien Welt würde weiterhin zunehmen. Dr. Kissinger hat in enger Konsultation mit der britischen Regierung gestanden und verfügt über die volle Unterstützung der anderen wichtigeren westlichen Mächte.

Dr. Kissinger hat mir versichert, daß wir ein gemeinsames Ziel und eine gemeinsame Aufgabe verfolgen, nämlich Rhodesien in der freien Welt zu belassen und das Land von kommunistischer Unterwanderung freizuhalten. In dieser Hinsicht befindet Rhodesien sich natürlich im südlichen Afrika in einer Schlüsselposition. Was hier geschieht, wird unausweichlich den gesamten Subkontinent mitbeeinflussen. Obwohl wir und die Westmächte ein gemeinsames Ziel haben, unterscheiden wir uns doch darin, wie dieses Ziel am besten zu erreichen sei. Ich wäre unehrlich, wenn ich nicht sehr deutlich feststellen würde, daß die Vorschläge, die man uns in Pretoria machte, nicht mit unserer Sicht über die beste Lösung für die Probleme Rhodesiens übereinstimmen. Bedauerlicherweise waren wir nicht imstande, unsere Vorstellungen durchzusetzen, obwohl es uns gelang, einige Veränderungen der Vorschläge zu erreichen. Die amerikanische und die britische Regierung haben — gemeinsam mit den führenden westlichen Mächten — sich zu einer bestimmten Lösung, die sie für Rhodesien anstreben, entschieden und sind entschlossen, diese Lösung durchzusetzen. Die Folgen einer Nichtannahme dieser Vorschläge sind uns sehr klar und unmißverständlich erläutert worden. Seit unserer Rückkehr hat das Kabinett in großer Ausführlichkeit alle Aspekte der Entscheidung, vor der wir stehen, untersucht. Wir haben dies in vollem Wissen um die schwere Verantwortung getan, die wir für die Wohlfahrt und die Sicherheit aller — der weißen wie der schwarzen — Rhodesier tragen. Das Kabinett hat nach dieser Abschätzung beschlossen, die Vorschläge, die uns in Pretoria gemacht wurden, zu akzeptieren, und der parlamentarische Ausschuß meiner Partei, der gestern den ganzen Tag über getagt hat, hat diese Entscheidung bestätigt.

Ehe ich diese Vorschläge im Detail vorstelle, möchte ich einige grundsätzliche Bemerkungen machen. Die Vorschläge stellen das dar, was man in der Verhandlungssprache gewöhnlich als ein „Paket" bezeichnet, d. h. einige Teilaspekte sind leichter zu akzeptieren als andere. Auf der positiven Seite ist zunächst zu nennen, daß sobald die notwendigen Vorbereitungen getroffen sein werden, die Sanktionen aufgehoben werden und der Terror aufhören wird. Dr. Kissinger hat mir in dieser Hinsicht eine kategorische Versicherung gegeben, auch hängt meine Annahme der Vorschläge von der Erfüllung dieser beiden Voraussetzungen ab. Angesichts früherer Erfahrungen wird es verständlicherweise einige Skepsis geben, daß der Terror aufhören wird, aber hierzu ist die Versicherung nicht nur der US-Regierung ausgesprochen worden, sondern auch die der britischen Regierung.

Seit dem Treffen am Wochenende haben wir gegenüber Dr. Kissinger und denen, die mit ihm zusammenarbeiten, wiederholt unsere Besorgnis zum Ausdruck gebracht hinsichtlich ihrer Fähigkeit, die Zusage, den Terrorismus zu beenden, verwirklichen zu können, und wir haben die Verantwortung unterstrichen, die sie in dieser Beziehung haben. Sie haben uns daraufhin erneut ihre Überzeugung zum Ausdruck gebracht, daß sie imstande sein werden, die Erfüllung dieser Voraussetzung zu garantieren. Wenn wir jedoch realistisch sind, müssen wir einsehen, daß Terror nicht gestoppt werden kann, wenn man nur den Hut zieht, und daß es daher den Sicherheitskräften und allen, die in den betroffenen Gebieten leben, obliegt, entsprechend zu handeln. Es ist sogar wahrscheinlich, daß es zu einer sofortigen und einstweilen andauernden Intensivierung terroristischer Aktivitäten kommen könnte.

Es ist ferner nötig, daß ich im Blick auf Sanktionen eine Warnung ausspreche. Es ist wichtig, die Vertraulichkeit kommerzieller Informationen während der kommenden Monate strikt beizubehalten, und alle, die es angeht, werden dringend dazu aufgefordert, besonders sorgfältig darauf bedacht zu sein, keine Informationen preiszugeben, die mit dem Bruch von Sanktionen im Zusammenhang stehen.

Zweitens wird die Aufhebung der Sanktionen in allen ihren Formen zu einem Zufluß von Entwicklungskapital führen, und das wird eine sofortige Belebung der Wirtschaft mit sich bringen. Weil die Westmächte sich über die Notwendigkeit im klaren sind, das Vertrauen der Weißen wiederzuerlangen, wird es drittens andere weitreichende finanzielle Maßnahmen geben, mit denen ich mich später ausführlicher beschäftigen will.

Nun zu den verfassungsrechtlichen Aspekten: Die Vorschläge sehen eine Übergangsregierung mit einem Staatsrat und einem Ministerrat vor. Der Staatsrat soll das oberste Gremium sein und aus einer gleichen Anzahl von weißen und schwarzen Mitgliedern bestehen und einen weißen Vorsitzenden haben. Wie es beim Kabinettsystem üblich ist, sollen Entscheidungen normalerweise durch Übereinstimmung zustande kommen, wenn jedoch eine Abstimmung notwendig ist, soll eine Zweidrittelmehrheit erforderlich sein. Die erste Pflicht des Staatsrates wird die Berufung des Ministerrats sein. Die wichtigste Aufgabe des Staatsrates jedoch wird sein, eine neue Verfassung zu entwerfen. Seine Beratungen sind daher für die Zukunft unseres Landes und aller seiner Menschen von lebensnotwendiger Bedeutung. Von den Entscheidungen des Staatsrats wird es abhängen, ob Rhodesien ein stabiles, demokratisches und fortschrittsorientiertes Land bleibt. Es ist wichtig festzustellen, daß diese Verfassung in Rhodesien und von Rhodesiern entworfen und nicht von außen verordnet wird. Ich vertraue darauf, daß — guter Wille und Realismus auf beiden Seiten vorausgesetzt — unter diesen Umständen die richtigen Entscheidungen getroffen werden. Es wird sich um eine Verfassung handeln, die von einer Herrschaft der Mehrheit ausgeht, das ist ausführlich in den Vorschlägen festgelegt worden. Meine eigene Meinung zur Frage der Mehrheitsherrschaft ist wohl bekannt. Ich habe oft öffentlich erklärt, und ich glaube, die Ansichten sowohl der schwarzen als auch der weißen Bevölkerungsmehrheit wiederzugeben, wenn ich sage, daß wir ein Herrschaftssystem auf der Grundlage einer Machtausübung durch die Mehrheit unterstützen, vorausgesetzt, daß es sich um verantwortliche Herrschaft handelt.

Der Staatsrat soll zwei Jahre Zeit für die Aufgabe erhalten, eine Verfassung zu schaffen und all die Detailarbeit der Vorbereitung für Wahlen auf der Grundlage dieser Verfassung zu bewältigen. Manche mögen dies für eine zu kurze Zeit halten, ich glaube aber, es hat Vorteile, eine endgültige Lösung so schnell wie möglich anzustreben.

Nachdem ich Sie jetzt über den allgemeinen Hintergrund informiert habe, möchte ich nun die tatsächlichen Formulierungen der Vorschläge, die Dr. Kissinger mir gemacht hat, vorlesen. Paragraph sechs, in dem es um wirtschaftliche Hilfe geht, stellt eine abgestimmte Zusammenfassung eines längeren Papiers dar:

1. Rhodesien stimmt zu, daß innerhalb von zwei Jahren mehrheitliche Herrschaftsverhältnisse hergestellt werden.

2. Vertreter der rhodesischen Regierung treffen sich umgehend mit afrikanischen Führern an einem gemeinsam miteinander vereinbarten Ort, um eine Übergangsregierung zu organisieren zur Wahrnehmung der Regierungsgewalt bis die Mehrheitsherrschaft hergestellt worden ist.

3. Die Übergangsregierung soll von einem Staatsrat gebildet werden mit je zur Hälfte schwarzen und weißen Mitgliedern und einem weißen Vorsitzenden, der keine besondere Stimme haben soll. Die europäische und die afrikanische Seite benennen jeweils ihre Vertreter. Zu den Aufgaben dieses Staatsrates gehören:
Gesetzgebung;
allgemeine Kontrolle
sowie die Überwachung des Prozesses, der zum Entwurf der Verfassung führt. Die Übergangsregierung soll auch einen Ministerrat haben mit einer afrikanischen Mehrheit und einem afrikanischen Premierminister. Für die Dauer der Übergangsregierung sollen der Verteidigungsminister und der Innenminister Weiße sein. Entscheidungen des Ministerrats sollen mit Zweidrittelmehrheit getroffen werden. Zu seinen Aufgaben sollte gehören:
gesetzgeberische Gewalt zu delegieren und exekutive Verantwortung auszuüben.

4. Großbritannien wird die Gesetzgebung für diesen Prozeß, der zur mehrheitlichen Herrschaft führt, ermöglichen. Sowie solche Verfügung getroffen worden ist, wird auch Rhodesien die Gesetzgebung schaffen, die für diesen Prozeß als erforderlich gelten muß.

5. Sowie die Übergangsregierung etabliert ist, werden Sanktionen und alle kriegerischen Handlungen — einschließlich des Guerillakrieges — aufhören.

6. Durch die internationale Gemeinschaft wird substantielle wirtschaftliche Unterstützung verfügbar gemacht, um Rhodesiern hinsichtlich der wirtschaftlichen Zukunft dieses Landes Sicherheit zu geben. Ein Treuhandfonds wird außerhalb Rhodesiens eingerichtet werden, um eine größere internationale Hilfe zu organisieren und zu finanzieren, mittels derer die wirtschaftlichen Möglichkeiten dieses Landes ausgeschöpft und die Folgen der Veränderungen

aufgefangen werden können. U. a. wird der Fonds für innere und äußere besondere Situationen des Landes zur Verfügung stehen, Entwicklungsförderung ermöglichen sowie Garantien und Anreize für Investitionen auf einer weiten Skala von Projekten geben können. Das Ziel wird es sein, die industrielle Produktion des Landes und die Produktivität seiner Bergwerke auszudehnen, die landwirtschaftlichen Möglichkeiten durch angemessene Nutzung des Landes und entsprechende Entwicklungsprogramme zu vergrößern sowie das erforderliche Training und die erforderlichen Bildungseinrichtungen zu schaffen, um entsprechend ausgebildete Fachleute zu bekommen.

Pensionsansprüche, Investitionen von Individuen in ihr eigenes Haus und/oder ihre Farm sowie Geldsendungen nach Übersee aus den Barmitteln, über die der einzelne verfügt innerhalb Grenzen, die noch ausgemacht werden müssen, werden durch die Übergangsregierung und durch die ihr folgenden Regierungen garantiert. Diese einzelnen Maßnahmen werden durch den Treuhandfonds abgesichert und geben der Regierungsgarantie so eine feste internationale Grundlage.

Das war eine kurze Übersicht über die vorgeschlagenen Unterstützungsmaßnahmen, die nun im Detail ausgearbeitet werden müssen. Diese Maßnahmen, insbesondere der Treuhandfonds, beabsichtigen — wie ich gesagt habe — sowohl dem Europäer als auch dem Afrikaner Gewißheit zu geben über seine Zukunft in einer vielrassischen Gesellschaft und zeigen nicht nur, daß die wirtschaftliche und soziale Stabilität des Landes erhalten bleiben wird, sondern daß auch jeder einzelne einen fortgesetzt wachsenden Lebensstandard erwarten kann.

Meine Kollegen und ich machten es bei unseren Diskussionen in Pretoria klar, daß die Rhodesier nichts halten von Vorschlägen, die darauf hinauslaufen, sie auszukaufen — sie erwarten vielmehr eine Lösung, die es ihnen ermöglicht, weiter in ihrem Heimatland zu leben. Uns wurde versichert, daß die anderen Beteiligten an diesem Vorschlag diese Auffassung entschieden unterstützen. Dem entspricht es, daß — welcher Plan auch immer geschaffen werden wird um die zu unterstützen, die sich zum Weggang entschließen — die Anreize dieses Planes dahingehend formuliert werden sollen, daß es Rhodesiern lohnend erscheint zu bleiben.

Das sind die Vorschläge, die uns in Pretoria gemacht wurden. Mit der Zustimmung des Kabinetts und mit der Unterstützung des (Partei-)Ausschusses habe ich Dr. Kissinger eine Botschaft geschickt mit meiner Zustimmung zu den Vorschlägen, vorausgesetzt, daß sie von den anderen beteiligten Parteien angenommen werden und — wie ich früher schon betonte — vorausgesetzt, daß die Sanktionen aufgehoben und der Terror beendet wird.

Der nächste Schritt wird nun das Treffen zwischen Regierungsvertretern und afrikanischen Führern sein, um den Staatsrat zu schaffen als ersten Schritt zur Gründung der Übergangsregierung. Dies wird, so hoffe ich, so bald wie möglich geschehen, denn nachdem die Entscheidung gefallen ist, wird es im besten Interesse Rhodesiens liegen, so schnell wie möglich voranzukommen.

Ich habe Ihnen die wichtigeren Teile dessen, was während dieser Verhandlungen herausgekommen ist, mitgeteilt. Selbst wenn ich noch zwei weitere Stunden zu reden hätte, wäre ich nicht imstande, Ihnen alles zu sagen, und unglücklicherweise gibt es vieles, was in der Öffentlichkeit nicht enthüllt werden kann. Ich hoffe, die Tatsache, daß mein Kabinett und mein (Partei-)Ausschuß zu der klaren und positiven Entscheidung gekommen sind, daß dies angesichts der bestehenden Tatsachen unsere beste Wahl sei, wird Ihnen einige Vergewisserung geben.

Was ich heute abend gesagt habe, wird Sie alle in hohem Maße treffen, und das ist verständlich. Wir leben jedoch in einer Welt raschen Wandels, und wenn wir in einer solchen Welt überleben wollen, müssen wir darauf vorbereitet sein, uns auf Veränderung einzustellen. Wir haben die Genugtuung zu wissen, daß wir Rhodesier aller Rassen allem, was gegen uns spricht, zum Trotz ein herrliches Land aufgebaut haben mit Aussichten, die nirgendwo in Afrika sonst übertroffen werden. Ich hoffe und glaube, daß wir imstande sein werden, es so zu belassen.

Trotz der Belastungen und Schwierigkeiten des Terrorismus bleiben die Beziehungen zwischen den Rassen in unserem Lande freundlich und entspannt. Wir bewegen uns stetig weiter auf dem Wege der Abschaffung rassischer Diskriminierung, und dies wird in dem Maße immer deutlicher werden, in dem die Empfehlungen der Quenet-Kommission in den kommenden Monaten verwirklicht werden. Ich glaube, daß wir alle, Weiße und Schwarze in gleicher Weise, die Pflicht haben, in der vor uns liegenden Erprobungszeit mit Würde und Beherrschung zu handeln und die richtige Atmosphäre dafür zu schaffen, daß diejenigen, die unsere neue Verfassung entwerfen sollen, ihre wichtige Aufgabe zügig wahrnehmen können.

Es ist klar, daß diese Übereinkunft uns nicht die Antwort gibt, die wir gern gehabt hätten. Immerhin aber gibt sie uns eine Gelegenheit, die wir nie zuvor hatten — ein Angebot an die Rhodesier, aus ihrer eigenen Mitte heraus — ohne äußere Einmischung —, unsere zukünftige Verfassung zu erarbeiten. Der Staatsrat hat die Aufgabe bekommen, dies in zwei Jahren zu tun, das dürfte mehr Zeit sein als nötig ist. Wie ich schon sagte, wird der Staatsrat aus einer je gleichen Anzahl von weißen und schwarzen Rhodesiern gebildet. Sie werden von Rhodesiern gewählt werden. Ich hoffe, es werden die besten, die verantwortungsvollsten Leute sein, die wir finden können. Erst wenn das Ergebnis dieser Bemühung vorliegt, werden wir wissen, ob die ganze Angelegenheit erfolgreich war oder nicht. Ich hoffe, alle Rhodesier werden sich mit mir der Aufgabe widmen, sicherzustellen, daß es nur eine Antwort geben kann — Erfolg.

Inzwischen ist wichtig — glaube ich —, daß wir unsere Haltung und unser Vertrauen bewahren. Nach allem, was wir durchgemacht haben, nach allen Opfern, die wir gebracht haben, wäre es unserer unwürdig, wenn wir irgendwie voreilig verzagt wären. Während der letzten Dekade haben Rhodesier großen Respekt in der übrigen Welt gewonnen, — wenn es nicht so wäre, wären die nun vor uns liegenden Vorschläge nicht so günstig ausgefallen.

Was mich persönlich betrifft, so hoffe ich auf das Vorrecht, weiterhin mithelfen zu können, die Zukunft Rhodesiens zu gestalten. Ich bleibe dem Ideal verschworen, alles, was ich kann, zu tun, um Rhodesien als ein Land zu erhalten, in dem wir alle, welcher Rasse wir angehören oder welche Hautfarbe wir haben mögen, weiterhin leben und arbeiten können und gemeinsam in Frieden, Harmonie und Stabilität glücklich voranschreiten. Ich bin außerordentlich dankbar und ermutigt worden durch die freundlichen Zuschriften, die ich in der letzten Woche von so vielen Rhodesiern bekommen habe. Ich bin zuversichtlich, der Geist und die Entschiedenheit der Rhodesier bleiben ungebrochen, und wir werden gemeinsam unserem Ziel weiter entgegengehen.

Lassen Sie mich schließen mit ein paar Worten von Winston Churchill aus dem letzten Krieg: „Dies ist nicht das Ende, es ist nicht einmal der Anfang vom Ende; — aber es ist — vielleicht — das Ende des Anfangs".

Gute Nacht, möge Gott mit Ihnen allen sein in dieser quälenden Zeit.

5. Afrikanischer Nationalrat Zimbabwe
Bischof A. T. Muzorewa, Präsident des ANC
Positionspapier; Genfer Verfassungskonferenz, 28. Oktober 1976

Präambel

Es ist nun etwas länger als ein Jahr her, daß ich den ANC-Zimbabwe bei den Gesprächen an den Victoria-Fällen führte, Gespräche, die bekanntlich zusammenbrachen, da die rhodesischen Siedler auf gar keinen Fall bereit waren, die gesamte Macht an das Volk dieses Landes zu übergeben. Heute sind wir in Genf, um mit denselben Leuten zu sprechen, deren Halsstarrigkeit die Gespräche an den Victoria-Fällen scheitern ließ. Haben diese sich geändert? Sind sie jetzt wirklich bereit, den Schritt zu machen, der erst vor einem Jahr verweigert wurde? Wir werden sehen.

Diejenigen, die die Geschichte des antikolonialen Kampfes in Zimbabwe verfolgt haben, wissen, daß Verhandlungen mit dem Feind, der unser Land besetzt hat, immer gescheitert sind. Sie scheiterten jedesmal nicht, weil etwa unser Volk keinen Frieden will, sondern weil die koloniale Situation Zimbabwes keine halben Lösungen zuläßt. Entweder das Volk übernimmt die Macht vollständig und sofort, oder der bewaffnete Kampf des Volkes geht weiter. Von daher ist das Ziel dieser Genfer Konferenz, was unseren Standpunkt anbetrifft, die Mechanismen der Machtübergabe vom illegalen Siedlerregime an die Mehrheit festzulegen.

Einheit trotz Unterschieden

Wir sind zu dieser Konferenz im vollen Bewußtsein unserer Stärke gekommen. Der ANC ist nicht hier im Sinne eines „Geben und Nehmen", vielmehr sind wir nur gekommen, um zu „nehmen", unser Land zu nehmen. In diesem Punkt gibt es keinen Zweifel: Das Volk von Zimbabwe ist einig. Wir stehen zusammen Schulter an Schulter, ohne Rücksicht auf die Plaketten, die man uns anhängt. Es besteht Einigkeit trotz der Unterschiede innerhalb der Zimbabwer hier und zu Hause. Wir stehen fest geeint in unserer Forderung nach einer Mehrheitsregierung jetzt und hier. Wir stehen fest geeint in unserer Ansicht, daß Großbritannien die koloniale Macht ist und daß unser Kampf ein antikolonialer Kampf ist. Wir sind fest geeint, wenn wir sagen, daß das sogenannte Kissinger-Paket keine unverletzbare heilige Kapsel ist, in der alle Weisheit dieser Welt eingeschlossen ist. Wir sind fest geeint, wenn wir sagen, daß im Falle der Bildung einer Übergangsregierung das Ministerium für Verteidigung und das Innenministerium nicht in den Händen von Herrn Ian Smith oder seiner Vertreter bleiben dürfen. Wir sind für den Fall des Scheiterns dieser Konferenz uns ebenfalls einig in dem Entschluß, daß der bewaffnete Kampf in gleicher Stärke weitergehen wird, bis jeder Zoll des Bodens von Zimbabwe frei ist.

Historischer Hintergrund

Wir sind zu dieser Konferenz im vollen Bewußtsein unseres historischen Erbes gekommen. Der Weg nach Genf war lang und risikoreich. Die Saat der Ungerechtigkeit für unser Volk wurde schon damals um 1880 gestreut, als der Betrug, bekannt als „Rudd Concession", veröffentlicht wurde.

Eindringlinge, die sogenannten Pioniere, kamen in unser Land. Unsere Vorväter empfingen sie als Freunde mit Geschenken. Vor langer Zeit usurpierten die Eindringlinge unser Land, versklavten unser Volk und brachten König Lobengula ins Exil und 1893 in den Tod. 1896 fand der erste afrikanische Aufstand statt. Geführt von den religiösen Führern Mkwati, Siginyamatshe, Mlugula, Nehanda, Kaguvi und anderen griff das Volk zu den Waffen und richtete sie gegen die Unterdrücker. Als der heroische Kampf praktisch die British-South-African-Company der Siedler bankrott gemacht hatte, sprach Rhodes mit ihnen und bewegte sie zum Niederlegen der Waffen. Unsere Vorväter hatten 1896 einen Sieg errungen, aber sie wußten es nicht. In Matopo kapitulierten sie vor einem besiegten Feind. Das Ergebnis waren Jahre voll unsagbaren Elends, Demütigungen, Gewalt und Tod, die zu weiterem bewaffneten Kampf führten: die einzige Sprache, die die Siedler zu verstehen scheinen. Dies hat uns hierher gebracht. Sollten wir uns etwa wie 1896 ergeben oder die Waffen niederstrecken, wo endlich der endgültige Sieg in Sicht ist? Das Volk von Zimbabwe sagt dazu: *„Niemals!"* Wir werden unsere Waffen erst dann niederlegen, wenn es die Mehrheitsregierung nach dem Prinzip „Ein Mann, eine Stimme" gibt. Es ist ein grundlegendes Recht, daß jeder Bürger eine Stimme in seinem Land haben sollte.

Teilnahme an dieser Konferenz

Wir nehmen an dieser Konferenz teil mit dem Recht, jedes Thema einzuführen und zu verhandeln, das irgendwie mit der verfassungsmäßigen Zukunft Zimbabwes zu tun hat. Wir sind nicht bereit, irgendeine Beschränkung unseres Rechts auf Verhandlungen in dieser Hinsicht hinzunehmen. Wir weisen gänzlich die

Aussage von Mr. Ian Smith zurück, daß diese Konferenz in ihrer Geltung in irgendeiner Weise begrenzt ist.

Des weiteren nehmen wir an dieser Konferenz als die Vertreter einer politischen Partei teil. Wir rufen den Vorsitzenden auf zu bestimmen, daß alle Delegationen, die eingeladen werden, eine politische Partei vertreten.

Wir sind nur auf einer einzigen Grundlage bereit, Vorschläge zur Errichtung einer Übergangsregierung zu diskutieren: nämlich, die Übergangsregierung ist damit zu beauftragen, eine von der Mehrheit getragene Unabhängigkeitsverfassung zu schaffen auf der Basis der Volksmacht, wie dies im Prinzip „Ein Mann, eine Stimme" zum Ausdruck kommt. Weiterhin muß eine solche Verfassung innerhalb von 12 Monaten ausgearbeitet werden. Dieser Grundsatz muß auch für die Übergangsperiode gelten, und in dieser Hinsicht werden wir einen Vorschlag ausarbeiten für die Errichtung der Übergangsregierung. Das Datum für die Unabhängigkeit muß hier und jetzt auf dieser Verfassungskonferenz festgelegt werden.

Die Wahl des Premierministers der Übergangsregierung hat auf der Grundlage von „Ein Mann, eine Stimme" zu erfolgen.

Wir halten an unserer Position absolut und unerschütterlich fest. Unsere Bejahung dieses demokratischen Prinzips ist so fundamental, daß wir keine Anstrengungen scheuen werden, um die Teilnahme anderer Gruppen am politischen Leben unseres Landes zu gewährleisten. Dementsprechend schlagen wir vor, daß jede Partei an der Übergangsregierung nach Maßgabe der für diese Partei abgegebenen Stimmen beteiligt wird. Das heißt, daß jede Partei soviele Ministerposten erhält, wie ihr nach der Anzahl der für jeden Führer bei den Wahlen zum Premierminister abgegebenen Stimmen zustehen. Das Minimum von 10 % der gesamten Stimmen für die Beteiligung an der Macht soll Gegenstand der Vereinbarung der betreffenden Parteien sein. Die einzige Regierung, die von uns akzeptiert werden kann, ist eine vom Volke gewählte Regierung. Wir schlagen daher folgendes vor, damit das Volk von Zimbabwe seine grundlegenden demokratischen Rechte der Beteiligung an der Regierung ausüben kann:

1. Es findet eine Wahl nach dem „Ein Mann, eine Stimme"-Prinzip statt, um den Premierminister zu bestimmen.
2. Die Anzahl der Minister für jede Partei steht in direktem Verhältnis zu den abgegebenen Stimmen für die jeweilige Partei.
3. Die Zuweisung der Ministerien erfolgt ausschließlich durch den Premierminister.
4. Keine Partei, die weniger als 10 % der Gesamtstimmen erhält, kann im Ministerrat vertreten sein.

Nur Bürger von Zimbabwe haben das Wahlrecht, und bei der Festlegung, wer Bürger ist, wird die illegale Erklärung der Unabhängigkeit zu berücksichtigen sein.

Wir wurden zu dieser überaus wichtigen Verfassungskonferenz eingeladen, aber bezüglich der zu errichtenden Übergangsregierung wurden wir nicht unterrichtet. Wir sehen uns in der vollkommen unakzeptablen Situation, unsere Informationen nur aus Zeitungen und der Rede Mr. Ian Smiths vom 24. September 1976 zu beziehen. Wir haben Einsicht in die Kissinger-Pläne und das sogenannte „Kissinger-Smith-Dokument" verlangt, jedoch ohne Erfolg. Wir müssen schärfsten Protest gegen diese Behandlung einlegen.

Soweit wir sehen, wird die Errichtung eines Staatsrates mit gewissen höheren Machtbefugnissen intendiert. Jedoch haben wir keine Kenntnis über die Vorschläge, wie diese Institution gebildet werden soll, ihre Zusammensetzung und Funktionen und welche Rolle sie in der Übergangsperiode spielen soll.

Wir weisen die Vorstellungen Mr. Smiths in seiner Rede vom 24. September 1976 entschieden zurück, wo er sagte, daß „die Übergangsregierung aus einem zur Hälfte von Schwarzen und zur Hälfte von Weißen gebildeten Staatsrat mit einem weißen Vorsitzenden ohne besondere Stimme bestehen soll. Die europäische und die afrikanische Seite werden ihre Vertreter bestimmen. Seine Funktionen werden die Gesetzgebung, allgemeine kontrollierende Verantwortlichkeiten und die Überwachung der Ausarbeitung der Verfassung umfassen". Dennoch sind wir bereit, andere Vorschläge zu erörtern, solange sie ausgehen von einer schwarzen Mehrheit. Wir bestehen darauf, daß die Wahl zur verfassunggebenden Versammlung auf der Basis von „Ein Mann — eine Stimme" zu geschehen hat.

Verteidigungsministerium und Innenministerium

In der bereits erwähnten Rede Mr. Smiths sagte dieser: „Für die Periode der Übergangsregierung werden das Ministerium für Verteidigung und das Innenministerium von Weißen geführt werden." Unter keinen Umständen sind wir bereit, diese Ex-Kathedra-Erklärung von Mr. Smith zu akzeptieren. Wir verweisen erneut auf unsere Vorschläge betreffs der Wahl der Übergangsregierung und darauf, daß die Verteilung der Ministerien einzig in der Zuständigkeit des Premierministers liegen muß.

Unsere Haltung ist die, daß es nur eine einzige gewählte Körperschaft geben darf, die in sich alle exekutiven, legislativen und administrativen Gewalten einschließt.

Freiheitsberaubung, Beschränkungen, Verhaftungen und ungerechte Gesetzgebung

Wir sind gegen ein System, das Verhaftungen und Beschränkungen ohne Gerichtsverfahren vorsieht. Es gibt Tausende von Menschen, die unrechterweise ihre Freiheit verloren aufgrund von Unterdrückungsmaßnahmen des Staates gegen Nationalisten, die für Freiheit und Unabhängigkeit ihres Landes kämpfen. Es gibt gegenwärtig Menschen, über die Todesurteile gefällt wurden aufgrund einer Todesurteile zwingend vorschreibenden Gesetzgebung. Ein bekannter Bürger des Landes, Dr. Edson Sithole, verschwand vor über einem Jahr, und das Smith-Regime behauptet, daß es nichts über seinen Verbleib wisse. Wir haben unwiderlegbare Beweise eines Augenzeugen, der sah, wie Dr. Sithole von einem Fahrzeug der rhodesischen Polizei entführt wurde. Später wurde er dann von einem schwarzen Mitglied der Smithschen Streitkräfte in einem Truppenlager gesehen. Können wir ein System billigen, das Gewalt und Folter zuläßt; wo Privateigentum geplündert und ohne Befugnis beschlagnahmt wird; wo unter dem Vorwand des Gesetzes zur Aufrechterhaltung von Recht und Ordnung Afrikaner in die sogenannten „Wehrdörfer" verschleppt werden, wo viele von ihnen aufgrund mangelnder Gesundheitsfürsorge und Krankheit sterben; wo Gestapo-Methoden bei Verhören angewandt werden? Es gibt Fälle, wo Personen 24 Stunden lang pausenlos verhört wurden, ohne Schlaf und Ausruhen, bis sie zusammenbrachen. Menschen werden mit Gummischläuchen oder mit „Sjambok" geschlagen (Nilpferdpeitsche). Die sogenannten Sicherheitskräfte, die für dieses teuflische Unternehmen angeheuert werden, machen Schichten rund um die Uhr, um ihr dreckiges Geschäft zu vollführen.

Um der Folter zu entgehen, sind die Menschen gezwungen, falsche Aussagen zu machen. Zur Folterung benutzt das Regime eine „elektrische Schlange". Diese besondere Methode wird bei Leuten benutzt, die anfällig sind gegenüber gewalttätiger Einschüchterung und nervlichen Belastungen. Einige der Foltermethoden umfassen auch die Verwendung von Kneifzangen an Geschlechtsteilen der afrikanischen Männer und Frauen. Einige unserer Leute wurden durch diese Brutalitäten zu Tode geprügelt oder zu Krüppeln geschlagen. Auch sind permanente sexuelle Impotenz und Sterilität als Folge solcher Folterungen bekannt geworden.

Die älteste und beliebteste Methode, die die Foltertruppe des Regimes der rhodesischen Front anwendet, ist die — wie ich sie nenne — Wasser-Trommel- und Flaschenzug-Methode. Nackte Menschen werden an den Füßen mit dem Kopf nach unten aufgehängt, die Hände auf dem Rücken gefesselt. Das Opfer wird dann langsam mittels eines Flaschenzuges heruntergesenkt in einen Behälter mit eiskaltem Wasser. Dieser Vorgang wird mehrere Male wiederholt. Anderen wurden Nadeln zwischen Fingernägel und das Fleisch gestochen oder die Lippen mit einer brennenden Zigarette versengt. Oft werden auch Wanzen gezüchtet und auf das Opfer abgesetzt.

Die rhodesischen Sicherheitskräfte beschlagnahmen weiterhin die Kühe, Schafe und Ziegen der afrikanischen Bevölkerung in den Kampfgebieten. Wahllos werden Zivilisten verstümmelt, massakriert und getötet. Die kaltblütige Ermordung von über 675 Flüchtlingen im Nhazonia-Lager in Mosambik ist dafür ein gutes Beispiel. Christliche Missionare verschiedener Konfessionen werden belästigt und verschleppt.

Beinahe täglich hören wir von Erschießungen von Männern und Frauen, die die sogenannte Ausgangssperre übertreten haben sollen. Die Sicherheitskräfte und die Farmer haben Order „alles, was sich nach 17 Uhr bewegt, niederzuschießen". Zum Beispiel wurde eine schwangere Frau zwei Stunden vor der Polizeistunde beim Holzsammeln erschossen.

Wie können wir es angesichts dieser Tatbestände zulassen, daß die Ministerien für Verteidigung und für Recht und Ordnung von Männern geleitet werden, die zu solch brutalen Grausamkeiten gegen wehrlose Zivilisten fähig sind? Zimbabwe lehnt diese Vorschläge unumwunden ab.

Wir fordern nunmehr auf dieser Konferenz, daß durch folgende Maßnahmen sofort ein günstigeres Klima geschaffen werde:
1. Sofortige bedingungslose Entlassung aller politischen Gefangenen, Verhafteten und Entrechteten einschließlich der Menschen in den Konzentrationsdörfern.
2. Die Widerrufung aller Todesurteile über politische Gefangene und Kriegsgefangene und deren sofortige Entlassung.
3. Gewährung einer Generalamnestie für alle jene, die politische Verbrechen begangen haben sollen, einschließlich der im Ausland lebenden.
4. Die Schaffung von Bedingungen, die freie politische Entfaltung und Meinungsfreiheit im Lande herbeiführen. (Hierin eingeschlossen die Pressefreiheit.)
5. Beendigung aller politischen Prozesse.
6. Aufhebung des Notstands einschließlich aller restriktiven Bestimmungen, die zur Zeit noch in Kraft sind.
7. Kurz, wir fordern die sofortige Aufhebung der gegenwärtigen rassistischen und unterdrückerischen Verfassung.

Die Rolle Großbritanniens

Großbritannien ist die koloniale und verwaltungsmäßige Hoheitsmacht. Angesichts der Illegalität der UDI und der darauf folgenden Republikanischen Verfassung von 1969 verlangen wir von Großbritannien die Wiederherstellung der Verfassungsmäßigkeit und Präsenz im Land. Wir bestehen darauf, daß Großbritannien seine verfassungsmäßige und moralische Pflicht wahrnimmt, alles mögliche zu tun, um den Prozeß der Entkolonialisierung und der Errichtung einer demokratischen Regierung voranzutreiben. In dieser Hinsicht halten wir es auch für die Pflicht Großbritanniens, mit dazu beizutragen, daß der zu errichtende Fonds nicht für irgendwelche heimlichen und konterrevolutionären Zwecke benutzt wird. Wir verweisen insbesondere auf die Rede von Mr. Hawkins vom 26. Oktober 1976, Minister für Transport und Energie in Mr. Smiths Regierung, worin dieser sagte: „Ebenso wurde uns gesagt, daß es keine Möglichkeit der Entsendung britischer Truppen gebe, wegen ihren Verpflichtungen in der NATO und Nordirland. Jedoch sagten sie, daß aus dem zu errichtenden Fonds ein Teil in unsere Wirtschaft gepumpt werden könne, um damit Waffen kaufen zu können, da ihnen sonst Sanktionen auferlegt werden würden, die die Situation nur verschlechtert hätten. Wir brauchen unbedingt mehr modernes Kriegsmaterial. Ebenso bestünden keine Bedenken gegenüber Rekrutierungen aus anderen anglophonen Ländern. Gleichfalls wurde angedeutet, daß, sind wir erst einmal legalisiert und träfe die Kritik aus anderen Ländern nicht mehr zu, auch weiteres Eindringen nach Mosambik möglich sei, wenn wir dies für nötig hielten."

Wir verabscheuen aufs schärfste die üblen Absichten dieser Erklärung eines Vertreters des Smith-Regimes.

Nach unserer Meinung sollte die Konzipierung eines Treuhandfonds und seiner Auszahlungsmethoden einzig der Übergangsregierung von Zimbabwe überlassen bleiben.

Der bewaffnete Kampf

Seit Jahren verlangt das Volk von Zimbabwe die Mehrheitsregierung auf der Basis von „Ein Mann — eine Stimme", eines universal anerkannten demokratischen Grundsatzes, der uns fortwährend verweigert wurde. Anstelle dessen wurden uns Pläne vorgelegt, die die Interessen engstirniger Siedler sichern sollten. Wir werden das nicht hinnehmen. Es grenzt an den Gipfel des Wahnsinns, von unserem Volke jetzt, wo der Kampf an einen Punkt gekommen ist, wo der Sieg unausbleiblich ist, Kompromisse mit dem Feind zu erwarten, den das Schicksal bald ereilt hat. Der bewaffnete Kampf wird solange weitergehen, bis die Zimbabwer vollständig die Kontrolle über ihr Land haben.

6. Erklärung von Joshua Nkomo, 29. Oktober 1976

Wir treffen uns heute hier in Genf, Tausende von Meilen entfernt von unserem teuren Land Zimbabwe, mit dem ausdrücklichen Ziel, die Macht von der kolonialen Regierung des Vereinigten Königreichs auf das Volk von Zimbabwe zu übertragen. Dies bedeutet, daß es die Aufgabe dieser Konferenz ist, die Unabhängigkeit Zimbabwes unter den Bedingungen des allgemeinen Wahlrechts herzustellen. Zu diesem Zeitpunkt kann diese Verpflichtung weder umgangen noch für einen Moment verzögert werden.

Wir müssen auf dieser Konferenz das Kapitel des britischen Kolonialismus schließen und versiegeln. Wir haben gelitten und haben Hunderte von Menschenleben verloren; unsere Menschenwürde ist mißachtet worden. Nie haben wir jemals seit Beginn der Aufbürdung des britischen Joches auf unser Land den Kolonialismus akzeptiert. Wir nahmen die Waffen auf und führten einen bewaffneten Kampf in den neunziger Jahren zur Verteidigung unseres Landes. Als der britische Kolonialismus seine Interessen durch die Föderation von Rhodesien und Njassaland zu schützen und zu verankern versuchte, koordinierten wir unsere Anstrengungen mit denen unserer Brüder in Malawi und Sambia, um ihnen eine sichere Niederlage beizubringen. Als der Kolonialismus eine neue Phase begann in Gestalt der einseitigen Unabhängigkeitserklärung, 1965, um den Rassismus zu befestigen, verstärkten wir den bewaffneten Befreiungskampf und den massenhaften Widerstand.

Wir danken der Organisation für Afrikanische Einheit (OAU) und den fortschrittlichen Ländern der Welt, die uns in der Vergangenheit und heute diplomatische, moralische und materielle Unterstützung für unseren Kampf geben. Während wir uns heute hier treffen, geht der Krieg in Zimbabwe weiter, und viele Menschen verlieren gerade ihr Leben.

Ganz deutlich fühlten die Regierungen des Vereinigten Königreiches und ihrer Alliierten ihre Interessen in Zimbabwe und im südlichen Afrika durch den Fortschritt unseres bewaffneten Befreiungskampfes bedroht; so sind sie dazu getrieben worden, diese Konferenz einzuberufen. Wir sind zu dieser Konferenz gekommen. Das ist das Resultat von Schweiß, Blut und Mühen unseres Volkes in seinem Kampf um Befreiung und Unabhängigkeit Zimbabwes, unseres Mutterlandes. Unsere Delegation ist hierher gekommen, um herauszufinden, wieweit die Botschaft des bewaffneten Kampfes eingedrungen ist, um die unmittelbare, uneingeschränkte Unabhängigkeit des Volkes von Zimbabwe sicherzustellen.

Nach unserer Ansicht verhandeln auf dieser Konferenz ausschließlich Zimbabwer, welche Hautfarbe und Rasse sie auch immer haben mögen, auf der einen Seite und die Kolonialisten, die Regierung des Vereinigten Königreiches, auf der anderen. Das einfache und gradlinige Problem dieser Konferenz ist die Übertragung der Macht vom Kolonialherrn, der Regierung des Vereinigten Königreiches, auf das Volk von Zimbabwe, vermittelt durch den Prozeß der Dekolonisation. Ich möchte zu diesem Punkt unsere Position klären. Wir sagen mitnichten, daß Britannien seine koloniale Herrschaft über Rhodesien wiederherstellen sollte oder daß es zu Rhodesien zurückkehren sollte, um das Land zu re-kolonisieren. Wir betonen nur die klare Tatsache, daß Britannien niemals aufgehört hat, der Kolonisator Rhodesiens zu sein, und daß es deshalb jetzt aktive Schritte unternehmen muß, um durch den normalen Prozeß der Dekolonisierung bis zum Ende der Übergangsperiode aus Zimbabwe abgetreten zu sein. Die gegenwärtige Aufgabenstellung ist deshalb: Unabhängigkeit von Britannien.

Ich muß betonen, daß unsere Delegation mit dem eindeutigen Beschluß hierhergekommen ist sicherzustellen, daß die Konferenz erfolgreich ist. Wir werden unseren Teil dazu beitragen, die Gründe des Krieges aufzuheben, indem wir die effektive Machtübertragung auf das Volk sicherstellen. Die Verpflichtung zum Erfolg dieser Konferenz liegt gleichwohl bei der Regierung des Vereinigten Königreiches, dem Kolonisator Rhodesiens.

Die Verfassung von 1923 hat trotz aller Schutzmaßnahmen die Rechte der Afrikaner eher gebrochen als geschützt. Die „Tiger" Einigungsvorschläge von 1966 und die „Fearless" Vorschläge von 1968 und die Smith-Douglas Home Vorschläge von 1971 blieben alle bei einem grundlegenden Problem stecken, nämlich dabei, daß man unterließ, dem Volke die Macht zu übertragen. Diese Genfer Konferenz darf deshalb nicht zu einem weiteren Köder werden oder der Täuschung unseres Volkes dienen. Einige Mächte haben auf unserem Weg zur Unabhängigkeit Hindernisse errichtet, mit der weithergeholten Begründung, daß Schwarze, wenn sie die Macht haben, rassistische Rache am weißen Siedler in Rhodesien nehmen könnten. Erstens zielt unser Befreiungskampf darauf ab, alle Formen des Rassismus, der Hautfarben-Diskriminierung, der wirtschaftlichen Ausbeutung und der gesellschaftlichen Privilegien zu beenden. Zweitens werden in der neuen Nation Zimbabwe Hautfarbe, Rasse oder Stamm automatisch aufhören, ein Wertmaßstab in der Gesellschaft zu sein, und jeder Siedler, der sich in diesem Zusammenhang dazu entscheidet, ein Zimbabwer zu sein, soll so gut als Bürger gelten wie jeder andere. Es ist nicht unsere Absicht, eine Form des Übels durch eine andere zu ersetzen.

Während ich in Gonakudzingwa in Haft war, hatte ich zu diesem Thema folgendes zu sagen: „Wir haben uns selbst den Kurs bestimmt, gegen eine falsche Ordnung zu kämpfen und eine neue herbeizuführen, in welcher die Haut einer Person als der Zufall behandelt wird, der sie ist, und nicht als Paß zu einem reicheren Leben". Zu dieser Politik stehe ich noch in Wort und Tat.

Schließlich möchte ich erneut erklären, daß unsere Forderungen an die Regierung des Vereinigten Königreiches bezüglich seiner Rolle in der Dekolonisierung, der Freilassung der politischen Gefangenen und der Beendigung des Völkermordes an der afrikanischen Bevölkerung in Zimbabwe, immer noch gültig sind. Nichts an unseren Forderungen über Status und Rolle des Vereinigten Königreiches sollte auf die Person von Herrn I. Richard bezogen werden. Unsere Forderungen stellen eine prinzipielle Erklärung dar, auf der wir bestehen müssen zugunsten einer erfolgreichen Konferenz.

7. ZANU (Afrikanische National-Union von Zimbabwe)

Erklärung von Robert Mugabe vom 29. Oktober 1976

Herr Vorsitzender und Kollegen in den Delegationen!

Ich möchte damit beginnen, der britischen Regierung meinen Dank zum Ausdruck zu bringen für die an mich und meine ZANU-Delegation ergangene Einladung zur Teilnahme an dieser Konferenz. Ich möchte jedoch darauf hinweisen, daß die Delegierten von ZANU und ZAPU hier als gemeinsame Delegation erscheinen, welche von dem Genossen Nkomo und mir gemeinsam geleitet wird. Daraus folgt natürlich, daß das, was ich in dieser Konferenz in meiner offiziellen Eigenschaft als einer der Führer der gemeinsamen Delegation sage, als Ansicht der ZANU-ZAPU-Delegation verstanden werden sollte. In gleicher Weise sollte alles, was der Genosse Nkomo sagen mag in dieser Konferenz in seiner offiziellen Eigenschaft als einer der beiden Führer unserer Delegationen, als repräsentativ für die gemeinsame Auffassung unserer beiden Seiten verstanden werden.

In Beantwortung der Aufforderung des Vorsitzenden an mich, die allgemeine Position unserer Delegation darzustellen, möchte ich damit beginnen, ihm dazu zu gratulieren, daß er den Zweck dieser Konferenz so eindeutig feststellen konnte. Gemäß seiner Darstellung ist es *nicht* Zweck dieser Konferenz, über das Prinzip der Machtübertragung zu verhandeln, sondern vielmehr die Verfahrensweise dieser Übertragung auszuarbeiten. In der Tat hat Herr Callaghan, der Premierminister Großbritanniens, in seiner Botschaft an die Konferenz mit gleicher Betonung festgestellt: „Das Ziel der britischen Regierung für unser

Land ist eine Unabhängigkeit, welche den Interessen und Zielvorstellungen aller Bevölkerungsgruppen Zimbabwes dienen und sie erfüllen soll."

Kurz, wir sind hier versammelt, nicht um das Prinzip der Unabhängigkeit zu verhandeln — die ist grundsätzliches Recht des Volkes von Zimbabwe, wie es in der Tat das herkömmliche Recht von Völkern überall ist —, sondern wir sind hier zusammengekommen, damit uns diese Unabhängigkeit durch die britische Regierung unzweideutig gewährt wird. Wir sind deshalb heute wie früher der Auffassung, daß es in der Verantwortung Großbritanniens — und von niemand sonst — als kolonialer Macht liegt, uns unser Recht auf Selbstbestimmung zu gewähren.

Wenn die britische Regierung jetzt erkennt, daß ihr Ziel für unser Land eine Unabhängigkeit ist, „welche den Interessen und den Zielvorstellungen aller Bevölkerungsgruppen dienen und sie erfüllen soll", und wenn, wie Herr Anthony Crossland, der britische Außenminister, es in einer Botschaft an mich vom 28. Oktober 1976 ausdrückte, die britische Regierung die Regierung ist, welche die konstitutionelle Verantwortung für Rhodesien hat", dann laßt uns hoffen, daß Großbritannien unserer Forderung nach Unabhängigkeit innerhalb der kürzest möglichen Periode bereitwillig beipflichten wird. Entsprechend sollte Großbritannien mit gebührendem Nachdruck und schnell zusammen mit uns daran gehen, hier und jetzt ein definitives Datum für unsere Unabhängigkeit innerhalb eines Zeitraums festzulegen, welcher von heute an nicht länger als 12 Monate beträgt. Für uns kann deshalb der Anfangspunkt nicht die Errichtung einer Übergangsregierung sein, sondern es ist die Einigung auf das Datum unserer Unabhängigkeit.

Nachdem dies getan ist, sollte uns dann der logische Prozeß dazu führen, eine Übergangsregierung zu strukturieren und einen effektiven Mechanismus auszuarbeiten, der uns zur Unabhängigkeit führt. Dies beinhaltet natürlich, daß die Übergangsregierung, welche auch immer errichtet wird, mit unangezweifelter politischer und physischer Macht ausgestattet sein sollte, die ein effektives Regieren während der Übergangsperiode möglich macht.

Unsere gemeinsame Delegation, in voller Erfassung des Zwecks dieser Konferenz, wie er vom Vorsitzenden in seiner Eröffnungsansprache umrissen wurde, geht an diese Konferenz in vollem Ernst heran. Gleichwohl macht es uns bestürzt und betroffen, daß der ernsthafte Charakter dieser historischen Konferenz weitgehend in Frage gestellt wird durch die unerklärliche und sicherlich Verdacht erregende Haltung der britischen Regierung, die trotz unserer wiederholten Appelle sich weigert, hier mit vollem Status als Kolonialmacht anwesend zu sein, bereit und willens, Zimbabwe zu dekolonisieren. Laßt es den hier versammelten Delegierten kund und zu wissen sein, daß es unsere Position ist, daß in dieser Konferenz Großbritannien als die Kolonialmacht, die nach der Verfassung für Zimbabwe verantwortlich zeichnet, den Vorsitz in angemessener Form führen sollte. Wir sind hier zusammengekommen, um mit niemand anderem als mit Großbritannien zu verhandeln; denn allein es hat die Macht, den überfälligen Prozeß der Dekolonialisierung unseres Gebietes in Gang zu setzen.

„Herr Richard wurde vom britischen Kabinett ernannt, um dieser Konferenz als Sonderbeauftragter der britischen Regierung vorzusitzen. Sein Mandat, dieses hohe Amt zu versehen, und die Autorität und Verantwortung, die damit verbunden ist, auszuüben, wurden ihm direkt vom Kabinett übertragen. Er ist also in Genf, um die britische Regierung zu vertreten und für diese Regierung zu sprechen. Die britische Regierung ist die Regierung, die die konstitutionelle Verantwortung für Rhodesien trägt. Im Namen der britischen Regierung kann ich ihnen versichern, daß wir diese Konferenz in Angriff nehmen mit der klaren Absicht, daß sie der Anfang des Entkolonialisierungsprozesses sein soll."

Diese Erklärung beschreibt Herrn Richard lediglich als Sonderbeauftragten und vermeidet völlig jeglichen Verweis darauf, ob sein Mandat den gleichen Umfang hat wie die Befugnisse, die sonst ein Minister mit voller Verantwortung ausgeübt hätte. Wir haben zugestimmt, daß die Frage des Vorsitzes dieser Konferenz uns nicht daran hindern sollte, mit den Anfangsgeschäften dieser Konferenz zu beginnen. Gleichwohl haben wir der britischen Regierung eindeutig klargemacht, daß wir uns das Recht vorbehalten, als eine Bedingung für unsere weitere Teilnahme die Verbesserung im Status des Vorsitzes zu fordern, sollte das künftige Verfahren erweisen, daß der gegenwärtige Vorsitzende schlecht dazu ausgerüstet ist, gewisse wichtige Angelegenheiten zu behandeln. Um es der Konferenz klar zu sagen: Es ist keineswegs unsere Absicht, Herrn Ivor Richard als Person herabzuwürdigen, noch darf unsere Haltung als ein Angriff auf seine Fähigkeit als Vorsitzender ausgelegt werden. Worum es ausschließlich geht, ist der Status der britischen Delegation.

Ich möchte nun zu einer anderen wichtigen Angelegenheit kommen. Tag für Tag werden Greueltaten, verbrochen von den sogenannten Sicherheitsstreitkräften des faschistischen illegalen Regimes, angeführt von dem Rebellenführer Ian Smith, aufgedeckt. Es gibt Völkermord. Es gibt willkürliche Zerstörung von Eigentum. Eine ständige Notstandsgesetzgebung regiert das Land. Wahllose Arreste, Inhaftierungen, geheime Gerichtsverhandlungen und geheime Hinrichtungen sind die Lieblingsbeschäftigungen des Regimes. Die Lage ist schrecklich im Rhodesien Ian Smiths, wo seit UDI das Verbrechen statt des Gesetzes regiert.

Herr Vorsitzender, Sir, erwartet man, daß wir, die wir hier im Namen der verfassungsgemäßen Gerechtigkeit und Humanität versammelt sind, taub sein sollen gegenüber dem Leiden von Millionen unseres Volkes? Ist es nicht unsere erste Pflicht in dieser Konferenz zu fordern, daß diejenigen unseres Volkes, die gegenwärtig in Haft einbehalten oder eingekerkert sind oder die die Todesstrafe für politische Handlungen erwarten, welche durch das Rebellenregime als kriminelle Vergehen ausgelegt werden, sofort freigelassen werden sollen? Dies ist absolut notwendig, wenn diese Konferenz in einer Atmosphäre des guten Willens und der guten Absichten abgehalten werden soll.

Zusammenfassend lassen sie mich sagen, Herr Vorsitzender, daß unsere Gegenwart bei dieser Konferenz unsere Bereitschaft ankündigt, die Methode friedlicher Verhandlungen zu verfolgen; sie ist bezeichnend für die Tatsache, daß wir, obwohl wir vom bewaffneten Kampf Gebrauch machen mußten, dies tun mußten, weil sich friedliche Verhandlungen fortdauernd als Fehlschlag erwiesen haben. Wenn deshalb diese Konferenz keine Lösung in der von uns gewünschten Art hervorbringt, haben wir keine andere Wahl, als weiterhin vom Krieg Gebrauch zu machen, um unsere Freiheit und Unabhängigkeit zu erlangen. Wir haben immer den Frieden geliebt; aber als der Friede verloren war, machten wir vom Krieg Gebrauch, um den verlorenen Frieden wieder zu gewinnen. Laßt uns in Genf den Frieden erlangen, denn mißlingt uns dies, bedeutet das notwendigerweise die Fortsetzung des Kriegs in Verfolgung des Friedens.

8. Erklärung von Pfarrer Ndabaningi Sithole, 29. Oktober 1976

Herr Vorsitzender, Delegierte,

Ich möchte dem Vorsitzenden für die Rede danken, mit der er diese Konferenz eröffnete.

Sie beschlossen Ihre Rede, indem Sie den Text einer Botschaft des britischen Premierministers zitierten. Ich teile seine guten Wünsche, daß wir mit einer positiven Einstellung hierher kommen mögen, um eine Antwort zu finden, die im Interesse des zukünftigen Wohlstands unseres Landes liegt. Ich schließe mich Ihrer Feststellung an, daß dies eine einzigartige und historische Stunde ist, die den Versuch darstellt, Probleme in Übereinstimmung und nicht durch Konflikte zu lösen. In der Tat würde ich so weit gehen zu sagen, daß wir unter der Schutzherrschaft dieses Gebäudes und der UN uns treffen, deren Charta der friedlichen Lösung von Streitfällen gewidmet ist. Wir werden unser Bestes tun, um miteinander in Konflikt stehende Ansichten zu versöhnen, allerdings ohne Vorurteil gegenüber dem Prinzip der Mehrheitsherrschaft (majority rule).

Meine Delegation nimmt die Feststellung des Vorsitzenden zur Kenntnis, daß Rhodesien keine normale Kolonie gewesen ist, sondern sich seit 1923 selbst verwaltet hat und seitdem eigene Polizeistreitkräfte, eine Armee und Luftwaffe hat. In diesem Zusammenhang stellte der Vorsitzende ebenfalls fest, daß die britische Regierung trotz aller Attribute rhodesischer Selbstverwaltung die letztendliche Verantwortung hat.

Meine Delegation möchte zu Protokoll geben, daß die Implikationen dieser Feststellung sehr ernst und weitreichend sind — so sehr, daß sie die Ziele dieser Konferenz behindern können. Es ist eine Tatsache, daß Südrhodesien sich seit 1923 selbst verwaltet hat. Aber die Forderung der europäischen Siedler von 1923 nach eigener Verwaltung zog die afrikanische Haltung dazu nicht in Betracht. Und die Gesetzgebung des rhodesischen Regimes wird seit 1923 charakterisiert durch eine äußerst negative und strafende Legislation. Damit wurde die Treuhandpflicht verraten, welche in der Verleihung der Selbstverwaltung eingeschlossen war. Darüberhinaus hat das rhodesische Regime durch die von ihm durchgeführte einseitige Unabhängigkeitserklärung jegliches Vertrauenskapital verwirkt, um ihm die Verantwortung für die Entwicklung des afrikanischen Volkes zu überlassen. Die Urkunden seiner drakonischen und repressiven Gesetzgebung sind für alle Welt einsehbar. Aus diesem Grund ist meine Delegation nicht bereit zu akzeptieren, daß dem rhodesischen Regime irgendwelche legislativen Verantwortlichkeiten reserviert oder anvertraut werden. Es ist zwar wahr, daß das rhodesische Regime durch seinen Premierminister am 24. September feststellte, daß es das Prinzip der Mehrheitsherrschaft akzeptiere; dennoch ist diese Absichtserklärung keinerlei Grundlage, von der aus meine Delegation eine Situation akzeptieren könnte, die es dem rhodesischen Regime gestattet, im Blick auf die Errichtung einer Übergangsregierung irgendwelche legislativen Vollmachten auszuüben.

Damit es bei uns keinerlei Zweifel gibt, daß bei der Errichtung der Übergangsregierung Schwierigkeiten seitens des rhodesischen Regimes entstehen könnten, sollte die britische Regierung die Vollmachten, die sie dem rhodesischen Regime zur Zeit der einseitigen Unabhängigkeitserklärung entzog, diesem nicht wieder zuerkennen. Statt dessen sollte sie selbst als der letztendlich gesetzmäßige Souverän bei der Errichtung der Übergangsregierung alle Legislativen und beigeordneten Vollmachten ausüben.

Die Beziehung zwischen dem rhodesischen Regime und den afrikanischen politischen Parteien ist, um es milde auszudrücken, äußerst unglücklich gewesen. Dennoch würden wir an diesem Wendepunkt in der Geschichte unseres Landes gern Gesten des guten Willens akzeptieren, welche durch positive Vorschläge konkretisiert und eingelöst werden. Wie ich schon sagte, sind wir im Geist der Versöhnung hierhergekommen.

In diesem Zusammenhang möchten wir darauf hinweisen, daß es dem rhodesischen Regime nicht schwer fallen sollte, seine öffentlich festgestellte Annahme der Mehrheitsherrschaft durch eine gleichwertige Feststellung zu ergänzen, in der es unzweideutig die gesetzmäßige Autorität der britischen Regierung akzeptiert, — wenn überhaupt die ernsthaften Schwierigkeiten überwunden werden sollen, die dem Mangel an Vertrauen entspringen, welches durch das Verhalten und die Gesetze des rhodesischen Regimes geschaffen worden sind.

Meine Delegation der *Zimbabwe African National Union* begrüßt diese Konferenz. Aber sie mißbilligt völlig die Tatsache, daß für diese Konferenz politische Häftlinge und politische Gefangene nicht freigelassen wurden.

Wir bedauern die Tatsache, daß normale politische Aktivitäten in Zimbabwe (Rhodesien) seit der einseitigen Unabhängigkeitserklärung von 1965 nicht von dem Regime der Rhodesischen Front gestattet wurden.

Wir beklagen die Tatsache, daß während unseres Treffens hier und heute in Genf viele aus unserem Volk in rhodesischen Todeszellen auf ihre Exekution durch das gegenwärtige illegale Regime warten. Wir mißbilligen die Tatsache, daß dieser Konferenz keine Generalamnestie vorausging, die den Zimbabwern, die sich im politischen Exil oder in politischer Haft befinden, Freizügigkeit innerhalb des Landes erlaubt hätte.

Damit diese Konferenz guten Glauben und guten Willen hervorruft, bestehen wir darauf:
1. daß alle politischen Häftlinge und Gefangenen freigelassen werden,
2. daß alle Exekutionen sofort gestoppt werden,
3. daß ohne Verzögerung eine Generalamnestie gewährt wird,
4. daß überall im Lande normale politische Aktivitäten zugelassen werden.

Wenn diese Konferenz das reale Problem des Volkes von Zimbabwe ganz erfassen will, so ist es notwendig, gleich am Anfang dieser Übung eine kurze Zusammenfassung der bedeutsamen historischen Ereignisse zu geben, damit wir die Dinge in ihrer richtigen Perspektive sehen können.

Zimbabwe wurde 1890 zuerst von Siedlern britischer Herkunft besetzt. Es wurde besetzt gegen den Willen der eingeborenen Bevölkerung. Die gegenwärtige Problematik dieses Landes entspringt dieser historischen Tatsache, daß ein ganzes Volk gegen seinen Willen bis heute beherrscht worden ist.

1893 begann der berühmte Matabele Krieg, in dem die Ndebele entschlossen, aber ohne Erfolg versuchten, die weiße Herrschaft zu stürzen. 1896/97 gab es zwei Kriege, den Matabele- und den Mashona-Krieg, deren ganzes Ziel es war, die weiße Herrschaft abzuschaffen. Das afrikanische Volk dieser Periode wollte vor allem anderen nicht unter Fremdherrschaft leben, sondern selbst herrschen. Auch der Krieg der Mapondera von 1900 illustriert afrikanischen Widerstand gegen Fremdherrschaft.

Übermannt von der Stärke überlegener Waffen fügten sich die Afrikaner der Fremdherrschaft, weil es politisch ratsam war. Aber es sollte hier zur Kenntnis genommen werden, daß „sich der Fremdherrschaft fügen" nicht notwendig heißt, diese Herrschaft zu akzeptieren. Trotz der Tatsache weißer Herrschaft in Zimbabwe strebte das afrikanische Volk wie jedes andere Volk sonst auf der Welt nach Selbstbestimmung.

1922 hielten die weißen Siedler, die damals 33 000 zählten gegenüber 800 000 Afrikanern, ihr sogenanntes nationales Referendum ab, an dem die Afrikaner überhaupt nicht beteiligt waren, weil sie politisch als nicht-existent behandelt wurden. Infolge dieses Referendums wurde Südrhodesien (Zimbabwe) 1923 die Selbstverwaltung *(responsible government)* gewährt. Unter allen ehemaligen britischen Kolonien war Rhodesien einzigartig, insofern sie als einzige ermächtigt war, eine eigene Armee zu bilden und zu halten. Letztendlich bildete eben diese Armee das Rückgrat der weißen Herrschaft. Die weißen Siedler konnten sich gegenüber dem afrikanischen Volk behaupten, nicht weil sie eine Volksherrschaft *(popular government)* dazu berechtigte, sondern aufgrund der Macht ihrer Gewehrläufe.

Von 1923 bis 1953 wurde Rhodesien unter der Voraussetzung beherrscht, daß es keine Afrikaner gäbe. Die Wirtschaft des Landes benachteiligte vorsätzlich den Afrikaner, der effektiv keine nennenswerte politische Macht besaß. Gleichfalls war das qualifizierte Wahlrecht gegen seine Interessen gerichtet. Das geniale an dieser Art des Wahlrechts lag darin, daß es praktisch jedem erwachsenen Afrikaner nicht erreichbar war. Und das war Absicht. Der Afrikaner mußte politisch schwach gehalten werden, indem man ihm das effektive Stimmrecht vorenthielt. Folglich hat der weiße Mann in den vergangenen 86 Jahren Rhodesien beherrscht ohne die allgemeine Zustimmung des afrikanischen Volkes.

Als 1953 die nun nicht mehr existierende Föderation von Rhodesien und Njassaland gebildet wurde, wurde eine Politik der „Partnerschaft" zwischen den beiden Rassen formuliert. Aber diese Partnerschaft wurde definiert als die, die zwischen einem Pferd und seinem Reiter besteht, wobei man unter dem ersten den Afrikaner und unter dem zweiten den weißen Mann verstand.

Als die Föderation 1963 auseinanderbrach, fiel auch die Politik der Partnerschaft weg. 1965 eignete sich das Regime der Rhodesischen Front einseitig die Unabhängigkeit von Großbritannien an. Es verwarf die Verfassung von 1961. 1969 wurde Rhodesien eine Republik. Der wahre Grund für die einseitige Unabhängigkeitserklärung war, die Entstehung der Mehrheitsherrschaft in Zimbabwe zu verhindern.

Das heißt, der Grund für die einseitige Unabhängigkeitserklärung war in der Entschlossenheit der weißen Bevölkerungsgruppe zu finden, Rhodesien für alle Zeiten zum Land des weißen Mannes zu machen.

Während der letzten elf Jahre litt Rhodesien infolge der Anwendung der UN-Wirtschaftssanktionen wie auch in Folge des bewaffneten Kampfes, besonders seit Ende 1972 bis zum heutigen Tag.

Diese historische Rekapitulation ist sowohl bedeutsam wie relevant. Denn sie zeigt, daß der Afrikaner seit 1890 niemals die weiße Herrschaft ganz akzeptiert hat und daß der weiße Mann niemals die Idee afrikanischer Herrschaft akzeptierte. Das ist unser Problem gewesen, welches wir in den vergangenen 86 Jahren nicht lösen konnten. Aber heute treffen wir uns hier, um dieses hartnäckige Problem zu lösen, welches uns gegenwärtig menschliches Leben und Menschenleiden kostet.

Das sechsundachtzig Jahre alte Problem, dem wir heute gegenüberstehen, ist immer noch dasselbe wie 1893, 1896/97 und 1900, als das afrikanische Volk versuchte, die weiße Herrschaft physisch zu stürzen, um Selbstbestimmung untereinander zu verwirklichen. Es ist noch heute dasselbe, wenn das afrikanische Volk sich im bewaffneten Kampf befindet, um Unabhängigkeit im eigenen Land zu verwirklichen. Die Afrikaner waren bereit, zu kämpfen und zu sterben, um sich selbst zu befreien. Stärker als je zuvor sind die Afrikaner zu der Überzeugung gelangt, daß sie ihre Selbstbestimmung nur durch einen auf das höchste verstärkten bewaffneten Kampf verwirklichen können, nicht aber durch friedliche Mittel. Sie sehen keinen Grund dafür, warum sie nicht sofort unabhängig werden sollten, wenn doch alle benachbarten afrikanischen Länder unabhängig sind. Der Afrikaner in Zimbabwe kann nichts und wird nichts geringeres als volle Unabhängigkeit akzeptieren.

Es ist deshalb höchst befriedigend, daß wir uns in dieser Konferenz treffen, um ernsthaft zu überlegen, wie das Problem zu lösen sei, damit wir das Leben in Zimbabwe normalisieren können. In den vergangenen elf Jahren haben wir zum Schutz der einseitigen Unabhängigkeitserklärung den nationalen Notstand gehabt. In derselben Periode haben wir uns gegenseitig bekämpft. Diese Konferenz wird eines von beiden erweisen: Entweder können wir unsere Differenzen nur friedlich lösen, oder wir können sie nur gewaltsam lösen. Kein besonnener Mensch würde seine legitimen Ziele gewaltsam erreichen wollen, wenn er friedliche Mittel anwenden kann. Aber niemand wird sich der Gewalt enthalten, wenn nur sie das gewünschte Resultat erbringt.

In Zimbabwe haben wir lange Zeit ohne Erfolg die Methoden der Gewaltlosigkeit erprobt. Um unsere Ziele zu erreichen, haben wir uns für den bewaffneten Kampf entschieden. Dieser hat jetzt das politische Klima in unserem Land weitgehend verändert. Wir sind der Überzeugung, daß dieses veränderte politische Klima uns helfen wird, ein für alle Mal das sechsundachtzig Jahre alte Problem zu lösen, das die menschlichen Beziehungen in unserem Land so sehr verbittert hat.

Meine Delegation kommt zu dieser Konferenz in einer positiven und konstruktiven Haltung, weil wir wahrhaftig den gegenwärtigen toten Punkt der letzten elf Jahre überwinden möchten. Wir sind hierher gekommen, weil wir nicht daran zweifeln, daß das rhodesische Regime schließlich doch tatsächlich das entscheidende Prinzip der Mehrheitsherrschaft akzeptiert hat, für das unsere Bevölkerung ihr Leben zu geben bereit war. Wir begrüßen diese grundsätzliche Positionsänderung auf der Seite des rhodesischen Regimes. Es zeugt von einem neuen politischen Realismus, der uns gewiß helfen wird, das sechsundachtzig Jahre alte Problem zu lösen, welches in einem bitteren Krieg zwischen den beiden Rassen gipfelte. Wenn wir nicht glaubten, daß das rhodesische Regime voller Ernst das Prinzip der Mehrheitsherrschaft akzeptiert hat, hätte meine Delegation keinen Anlaß dazu gesehen, an dieser Konferenz teilzunehmen. Wir betrachten diese Konferenz unter anderem als effektiven Test für die gute oder böse Absicht des rhodesischen Regimes. Da meine Delegation guten Glaubens akzeptiert, daß das rhodesische Regime in der Tat das Prinzip der Mehrheitsherrschaft akzeptiert hat, sind wir davon überzeugt, daß es auch die verschiedenen Implikationen dieses Schrittes akzeptiert. Verschiedene rhodesische Regierungen haben im Verlauf der Jahre die Mehrheitsherrschaft prinzipiell akzeptiert. Was sie nicht leisteten war, die Mehrheitsherrschaft auch in der Praxis zu akzeptieren. Es ist befriedigend, daß das rhodesische Regime nach 86 Jahren jetzt — so glauben wir — die Mehrheitsherrschaft in der Praxis akzeptiert. Es könnte nichts Besseres für unser Land geben.

Und nach entsprechender Logik könnte nichts schlechter sein, als die Weigerung, effektive Vereinbarungen zu treffen, die sicherstellen, daß Mehrheitsherrschaft in der Tat eine Tatsache in unserem Land geworden ist.

An diesem Punkt möchte meine Delegation unmißverständlich darauf hinweisen, daß die bloße Annahme des Prinzips der Mehrheitsherrschaft unsere kämpfenden Truppen nicht dazu veranlassen wird, die Waffen niederzulegen. All diejenigen, die ernsthaft ein Ende des gegenwärtigen Krieges zu sehen wünschen, sollten dies in Rechnung stellen. Es ist undenkbar, daß Menschen, welche in den letzten elf Jahren ständig gekämpft, gelitten haben und gestorben sind, ihre Waffen niederlegen, nur weil das rhodesische Regime erklärt, das Prinzip der Mehrheitsherrschaft akzeptieren zu wollen. Die bloße Verfolgung dieses Gedankens würde von Anfang bis Ende in tragischer Weise unrealistisch sein. Was das afrikanische Volk will, ist nicht das Versprechen, sondern die Besitznahme effektiver politischer Macht durch die Mehrheit, welche in den letzten 86 Jahren effektiv davon ausgeschlossen worden war. Weder unsere kämpfenden Truppen noch die zivile afrikanische Bevölkerung, die in bemerkenswert positiver Weise dem Aufruf zum bewaffneten Kampf gefolgt ist, kann mit Geringerem als der wirklichen In-Besitznahme der effektiven politischen Macht zufriedengestellt werden.

Meine Delegation, Herr Vorsitzender, stellt befriedigt fest, daß diese Konferenz sich in der Hauptsache mit dem Thema der Machtübertragung an die Mehrheit befassen will. Ihr Erfolg hängt davon ab, ob akzeptable Verfassungs-Absprachen getroffen werden können oder nicht. Ich benutze das Wort ‚akzeptabel' nicht umsonst. In der Vergangenheit sind viele Verfassungen entworfen worden, um den toten Punkt, an dem Rhodesien steht, zu lösen; das letzte Mal waren es die Anglo-Rhodesischen Vorschläge; aber sie wurden alle vom afrikanischen Volk für nicht akzeptabel befunden. Afrikaner waren die Opfer der vorherigen konstitutionellen Abmachungen, nach denen nur 5 % unserer Bevölkerung effektive politische Macht besaß, während 95 % praktisch gar nichts besaßen.

Was für konstitutionelle Vereinbarungen auch immer wir hier treffen, sie müssen für das afrikanische Volk akzeptabel sein, nicht nur im Blick auf effektive Macht, sondern auch im Blick auf die Zeit.

Meine Delegation hofft, daß diese Konferenz das Problem der Machtübergabe vom Minderheitsregime zur Mehrheit klären wird. Sie hofft, daß die Delegation der rhodesischen Front mit der Konferenz in dieser Hinsicht kooperieren wird. Wenn sie das tun, werden sie nicht nur uns, sondern auch der gesamten Welt demonstrieren, daß es ihnen ernst ist, wenn sie sagen, daß sie das Prinzip der Mehrheitsherrschaft akzeptieren werden. Ihre Kooperation in der Angelegenheit der Machtübertragung wird zweifelsohne helfen, unserem von Krieg geplagten Land den Frieden zu bringen; sie wird einen Fonds des guten Willens zwischen den beiden Rassen schaffen, den wir in unserem Land dringend brauchen.

Meine Delegation möchte ihre Position zu den folgenden Punkten klarstellen:
1. Wir fordern eine unwiderrufliche Erklärung bezüglich der Frage der Unabhängigkeit und des Datums für diese Unabhängigkeit.
2. Wir fordern eine sofortige Übergabe effektiver Macht.
3. Effektive Macht soll einschließen: Verteidigung, Innenministerium und Finanzen.
4. Die Übertragung der Macht soll während und nicht nach der Übergangsperiode stattfinden.
5. Wir akzeptieren unter den folgenden Bedingungen das Prinzip einer Übergangsregierung:

a) daß die Übergangsregierung mehrheitlich von afrikanischen Repräsentanten gestellt wird,
b) daß die Übergangsperiode nicht über 12 Monate hinausgehen soll.

Meine Delegation hofft und betet, daß diese Konferenz in ihrer einzigartigen und historischen Aufgabe Erfolg hat: einer gerechten und fairen Vereinbarung zum Vorteil unseres Landes, damit unser Volk in Frieden leben und die normalen Aktivitäten des Lebens ausführen kann.

9. ZIPA (Zimbabwe People's Army) zur Konferenz in Genf

Angesichts der ernstzunehmenden politischen Entwicklungen im südlichen Afrika und besonders in Zimbabwe ist es von großer Bedeutung, daß die Standpunkte der Menschen in Zimbabwe klar ausgedrückt werden, damit es keine Mißverständnisse geben kann und der geordnete Prozeß der Lösung der politischen Widersprüche unterstützt wird.

Die gesamte Situation hat sich zugespitzt aufgrund bestimmter Faktoren und Ereignisse seit der Einseitigen Unabhängigkeitserklärung durch Smith am 11. November 1965. Zu diesen Faktoren zählen:

Der wirksame bewaffnete Kampf, der mit Entschlossenheit vom Volk von Zimbabwe unter der vorwärtsweisenden Führung der Zimbabwe People's Army geführt wird.

Die mittlerweile wirksamen verbindlichen Wirtschaftssanktionen, die von der fortschrittlichen Völkergemeinschaft verhängt worden sind.

Die wirksame materielle und politische Unterstützung der internationalen Gemeinschaft, die entschlossen ist, Freiheit für die Menschen in Zimbabwe zu erreichen. Der Volkskrieg in Zimbabwe ist eine gerechte Sache.

Alle diese Faktoren haben jetzt bis zum kritischen Punkt die Interessen der Imperialisten in Zimbabwe bedroht. Daher sind sie in einer verzweifelten Position.

Die Pläne von Kissinger und Vorster, deren Höhepunkt die Verfassungsgespräche in Genf sind, die von Großbritannien und ihren Verbündeten betrieben werden, sind verzweifelte Versuche, ihre Interessen zu wahren und dadurch in wirksamer Weise den erfolgreichen Kampf in Zimbabwe zu vereiteln.

I.

Die Imperialisten haben eine Reihe von Motiven, die durch die Kissinger-Vorster-Pläne nur verschleiert werden. Daß Rhodesien einer Mehrheitsregierung innerhalb von zwei Jahren zustimmt, ist lediglich ein anderer Ausdruck für das Offenkundige: Alle verfügbaren Informationen laufen darauf hinaus, daß das rassistische Smith-Regime innerhalb dieser Zeit ohnehin völlig zusammenbrechen wird. Genau diesen Zusammenbruch, der durch den bewaffneten Kampf verursacht ist, wollen die Imperialisten verhindern. Sie wollen, daß das illegale

Smith-Regime nicht durch Gewalt, sondern durch verfassungsmäßige Mittel abgeschafft wird. Der zweijährige Weg zur Mehrheitsregierung, das wissen die Imperialisten, ist die Möglichkeit, echte Unabhängigkeit in Zimbabwe, die vom bewaffneten Kampf garantiert würde, zu verhindern. Im Bereich dieser Vorschläge ist das Wort von der Mehrheitsregierung nur ein Köder. Denn das Volk von Zimbabwe will völlige und echte Unabhängigkeit — Freiheit ohne Einschränkungen. Unser Standpunkt ist, daß echte Unabhängigkeit nur durch fortdauernden bewaffneten Kampf erreicht werden kann und daß die Beendigung des bewaffneten Kampfes der Verwirklichung unserer zentralen Ziele entgegensteht.

Daß die Vertreter der rhodesischen Regierung sich sofort mit den afrikanischen Führern an einem gemeinsam bestimmten Ort treffen wollen, um eine Übergangsregierung auszuhandeln, die bis zur Durchsetzung der Mehrheitsregierung funktionieren soll, läuft auf eine indirekte Legalisierung des illegalen Smith-Regimes durch die afrikanischen Führer von Zimbabwe im Namen des Volkes von Zimbabwe hinaus. Sie haben aber ein solches Mandat nicht. Aus internationaler Sicht und nach rechtlichen Erwägungen berufen die Briten die Genfer Konferenz ein, weil sie die einschlägige Autorität darstellen als Verwaltungsmacht in Rhodesien; daher verlangen wir, daß alle Übergangsvereinbarungen zwischen der britischen Regierung und dem Volk von Zimbabwe abgeschlossen werden müssen. Das illegale Smith-Regime hat auf der Grundlage der Verfassung von 1961 nur stellvertretend für Großbritannien politische Macht ausgeübt; daher kann es auch an Übergangsvereinbarungen nur an der Seite Großbritanniens teilhaben.

Darüberhinaus muß die britische Regierung (als koloniale Verwaltungsmacht in Rhodesien) für die Konferenz genau definierte Bedingungen akzeptieren und garantieren.

— Zurücknahme des illegalen Status des Minderheits-Regimes in Salisbury — Aufhebung der Einseitigen Unabhängigkeitserklärung.

— Die britische Regierung muß die Freilassung und die politische Freiheit von allen politischen Gefangenen, allen inhaftierten Freiheitskämpfern, allen unter Hausarrest gestellten Personen und von allen Zimbabwern, die gegenwärtig anderen Formen politischer Beschränkung unterworfen sind, wie den sogenannten geschützten Dörfern und Einzäunungen, sicherstellen.

— Die britische Regierung muß die Freizügigkeit aller Zimbabwer wiederherstellen und sichern.

— Die britische Regierung muß darauf hinwirken, daß alle Propaganda in Radio, Presse und Fernsehen gegen die Freiheitskämpfer eingestellt wird.

— Die britische Regierung, wie auch das illegale Regime, haben öffentlich die Zustimmung zur Mehrheitsregierung in Zimbabwe erklärt; wenn sie es ernst damit meinen, gibt es daher keine politischen oder juristischen Gründe mehr für die fortdauernden Verhaftungen aus politischen Gründen.

— Die britische Regierung muß die Wiederherstellung der normalen politischen Betätigung für alle Zimbabwer garantieren und bewirken.

Was die vorgeschlagene Struktur und die Funktionen der Übergangsregierung anbetrifft, so weisen wir den Staatsrat und seine für ihn vorgesehenen Funktionen zurück; wir weisen weiter die Idee eines Ministerrats und seiner Funktionen zurück. Wir sind aus folgenden Gründen dagegen:
 a) Entsprechend dem Vorschlag wird der Staatsrat die Vorstellung vom Teilen der Macht verewigen, ganz im Gegensatz zu dem angestrebten Ziel der Übergabe der Macht während der Übergangsregierung. Auf der anderen Seite garantiert die Idee des Ministerrats die Vorstellung, daß die Macht in der Hand der Rebellen bleibt, da gemäß den Vorschlägen die Ministerien für Verteidigung und für das Innere für die Rebellen reserviert bleiben.
 b) Entsprechend den Vorschlägen wird den Rebellen stillschweigend Vergebung gewährt, was menschlicher Gerechtigkeit Hohn spricht.

Darüberhinaus werden die Rebellen noch geehrt, weil sie in der vorgeschlagenen Übergangsphase eine entscheidende Rolle erhalten sollen. Auf der Grundlage dieser Punkte sind wir gegen Übergangsvereinbarungen mit der *Rhodesian Front Party* der Rebellen, weil sie und nur sie verantwortlich sind für den derzeitigen Zustand der Gesetzlosigkeit und weil sie im Namen der Einseitigen Unabhängigkeitserklärung mordeten.

Die *Rhodesian Front* hat mit voller Absicht den Krieg in Zimbabwe verursacht, der zu ungeheuren menschlichen Leiden geführt hat. Diese verräterischen Männer müssen von den Übergangsvereinbarungen ausgeschlossen werden. Sie sind schuldig wegen ihrer Verbrechen gegen die Menschlichkeit.

Zudem sind die Vorschläge über die Zusammensetzung des Staatsrates und des Ministerrates so kalkuliert, daß die *Rhodesian Front* und ihre afrikanischen Marionetten immer vereint die Zwei-Drittel-Mehrheit haben, mit der sie ihren Willen in der Übergangsregierung durchsetzen können bis hin zu dem Punkt, wo sie die Bedingungen der Vorschläge rückgängig machen können und dabei noch den Schein von Rechtlichkeit haben. Die Bestimmungen der Verfassung von 1961 haben sie ja mit der einseitigen Unabhängigkeitserklärung verletzt. Wir verlangen, daß die britische Regierung Gesetze verabschiedet, die den Prozeß der Mehrheitsregierung ermöglichen. Nach Verabschiedung dieser Gesetze wird Rhodesien klar sagen müssen, daß die Briten ohne Bedingungen ihre koloniale Autorität aufgeben müssen in voller Anerkennung des unabdingbaren Rechtes des Volkes von Zimbabwe auf nationale Unabhängigkeit.

Unsere Freiheit kann dann nicht mehr rationiert werden; unsere Freiheit ist unteilbar. Sie kann nicht unter Bedingungen über den fortdauernden Verbleib von Minderheitengruppen existieren. Es wird das Recht der Zimbabwer aller Hautfarben werden, über ihre eigene politische Zukunft zu entscheiden.

Das Rebellen-Regime Rhodesiens ist für die Verabschiedung von Gesetzen, die uns betreffen, nicht zuständig, weil sie illegal sind; daher können die Rebellen auch nicht Gesetze verabschieden, die den Zimbabwern die Mehrheitsregierung gewähren. Auch die Übergangsregierung, wenn sie denn errichtet werden sollte, wird kein entsprechendes Mandat vom Volk von Zimbabwe haben.

In bezug auf den Vorschlag, daß mit der Errichtung der Übergangsregierung die Sanktionen aufgehoben und alle kriegerischen Akte unter Einschluß des

Guerilla-Krieges eingestellt werden, ist unser Standpunkt, daß verbindliche Wirtschaftssanktionen von den fortschrittlichen Kräften der Völkergemeinschaft gegen das Rebellen-Regime der *Rhodesian Front* verhängt wurden. Verbindliche Sanktionen sind daher in der Verantwortung der internationalen Völkergemeinschaft.

In bezug auf die Sanktionen wollen die Imperialisten mit der Aufhebung der Sanktionen die Wirtschaft des rebellischen Rhodesien so reorganisieren, daß eine feste wirtschaftliche Basis geschaffen werden kann, auf der ihre neokolonialistischen Pläne gedeihen können.

Bezüglich der Einstellung aller kriegerischen Akte einschließlich des Guerilla-Kriegs rufen wir die Armee des Rebellen-Regimes auf, sich aufzulösen und ihre ungerechte Aggression und alle kriegerischen Akte gegen die unschuldigen Völker von Zimbabwe, Mosambik, Sambia und Botswana und der benachbarten afrikanischen Staaten einzustellen.

Unsere Sache ist gerecht und stellt auf die Erringung nationaler Unabhängigkeit in Zimbabwe ab. Daher liegt es an den Rebellen und nur an ihnen, den Krieg zu beenden, indem die Rebellen-Armee aufgelöst wird, alle Söldner entlassen werden und alle am Krieg beteiligten Zivilisten entwaffnet werden sowie die politische Macht dem Volk von Zimbabwe übergeben wird. Das erst wird die Bedingungen schaffen für die Einstellung der Feindseligkeiten und für eine Atmosphäre für freie politische Aktivität. Daher wird die *Zimbabwe People's Army* mit der vollen Unterstützung und der unverbrüchlichen Einheit der Massen Zimbabwes, der Massen Mosambiks, der OAU und der fortschrittlichen Völkergemeinschaft erst aufhören zu kämpfen, wenn die gänzliche Unabhängigkeit Zimbabwes erreicht ist.

Wir wollen darauf aufmerksam machen, daß die nackten Motive der aggressiven Imperialisten darin bestehen, unter dem Deckmantel einer friedliebenden Kraft — in Wahrheit der Drohung einer direkten militärischen Intervention — einen Waffenstillstand zu erreichen und die Übergangsperiode in Zimbabwe unter Kontrolle zu halten, damit der Neokolonialismus durchgesetzt werden kann... Wir weisen die Vorstellung, daß fremde Truppen unter welchem Vorwand auch immer auf dem Boden von Zimbabwe stationiert werden, energisch zurück.

Was den von außen eingerichteten Treuhandfonds angeht, so widersetzen wir uns diesem Plan aufgrund der ihm innewohnenden Motive:

Dieser Vorschlag zielt darauf ab, die Anwesenheit von Weißen in Rhodesien zu garantieren, was eine rassistische Bestimmung ist. Wir wollen stattdessen gleiche Rechte für alle Zimbabwer in einem freien Zimbabwe garantieren. Dieser Vorschlag für einen Treuhandfonds, der von außen kontrolliert wird, stellt darauf ab, die fortdauernde wirtschaftliche Ausbeutung Zimbabwes durch den Monopolkapitalismus zu garantieren. Zimbabwes wirtschaftliche Abhängigkeit von der imperialistischen Welt ist jedoch unvereinbar mit unserer Vorstellung von echter nationaler Unabhängigkeit, die sich notwendig auf wirtschaftliche Unabhängigkeit gründet.

Aus diesen Gründen sind alle diese Vorschläge unannehmbar. Wir begrüßen die revolutionäre Solidarität, die das Volk von Zimbabwe zum Ausdruck gebracht hat, indem es die Vorschläge von Vorster/Kissinger und Smith gänzlich zurückgewiesen hat. Wir grüßen die Frontstaaten, die Organisation für Afrikanische Einheit, die afrikanischen Staatsoberhäupter, die fortschrittlichen Gruppen und Organisationen in der kapitalistischen Welt und die fortschrittliche Völkergemeinschaft für ihren entschlossenen Standpunkt gegen diesen imperialistischen Plan, der der Sache menschlicher Freiheit in Zimbabwe Schaden zufügen soll.

II.

Wegen der einhelligen Ablehnung der Pläne von Kissinger, Vorster und Smith werden die Imperialisten wahrscheinlich einige taktische Zugeständnisse machen, um es einigen afrikanischen Führern recht zu machen; dabei ist ihr Ziel, die Zimbabwer auseinanderzubringen, um diese ehrenrührigen Pläne dem Volk von Zimbabwe aufzuzwingen. Wir wollen die Zimbabwer, die afrikanischen Staaten und die fortschrittliche Völkergemeinschaft auf einige dieser möglichen Zugeständnisse aufmerksam machen, die die Imperialisten wahrscheinlich machen werden. Wir wollen mit allem Nachdruck darauf aufmerksam machen, daß die Imperialisten entschlossen sind, eine konkrete politische Basis aus weißen und schwarzen Marionetten in Rhodesien zu bilden, die den unersättlichen Wünschen des Neokolonialismus entsprechen würden. Nichts soll geändert werden.

— Es ist sehr wohl möglich, daß Smith und seine *Rhodesian Front* die Unterstützung der Briten und ihrer westlichen Verbündeten verlieren wird, wenn die Zimbabwer mit einer Stimme sprechen und die Beteiligung von Smith bei den Übergangsvereinbarungen zurückweisen, wenn es dazu kommt. Die Imperialisten können dann leicht die Dienste der vielen weißen Liberalen in Rhodesien in Anspruch nehmen, um den Posten von Smith zu übernehmen. Dieses entspräche der altbewährten britischen Politik der raschen Reaktion. Zu den weißen Liberalen können wir noch einige afrikanische Kreaturen und Apologeten zählen, die bemüht sind, die Agenten des Monopolkapitals in Zimbabwe zu sein.

Angesichts der starken Mauer der einigen afrikanischen Opposition gegen eine zweijährige Übergangsperiode bis zur Mehrheitsregierung könnten sich die Briten, nachdem sie Smith losgeworden sind, zu einer kürzeren Übergangsperiode von möglicherweise nur 12 Monaten verstehen, um damit eine Atmosphäre des guten Willens zu schaffen und das Vertrauen der afrikanischen Führer zu gewinnen. Dabei kommt es darauf an, daß die Abkürzung der Übergangsperiode überhaupt nichts ändert, wenn ihre Agenten an der Macht sind. Wir wollen hingegen unser Augenmerk auf die wesentlichen Punkte der Vorschläge richten. Wir verlangen die unmittelbare Aufgabe der politischen Macht und ihre Übergabe an die Zimbabwer in der kürzest möglichen Periode.

— Gegenwärtig konzentriert sich die afrikanische Opposition auf die Beibehaltung der Ministerien für Verteidigung und für das Innere durch die weißen

Rebellen. Angesichts des starken Drucks könnten die Briten und ihre imperialistischen Pläneschmieder diese beiden Ministerien für schwarze Minister vorsehen, um ein Zugeständnis zu machen. Ob die Minister für Verteidigung und für das Innere nun schwarz sind oder nicht, ist nicht die zentrale Frage. Worauf es ankommt in bezug auf die Verteidigungsmacht von Smith, ist die totale Auflösung der Rebellen-Armee, die Entwaffnung der Polizei-Reservisten und der bewaffneten Zivilisten, die Einstellung aller Propaganda in Radio, Fernsehen und Presse gegen die Freiheitskämpfer und die Übergabe der gesamten Organisation des öffentlichen Dienstes an die neue Regierung.

In bezug auf das Innenministerium kommt es auch nicht auf einen schwarzen Minister an. Das ganze Justizsystem des Rebellen-Regimes, das widerrechtliche Gesetze verabschiedete, die Richter für den Notstand und die gesamte Richterschaft des Rhodesischen Hohen Gerichts, das das Smith-Regime als die de facto- und die de jure-Regierung rechtlich anerkannte, müssen fortan abgeschafft werden. Das ganze rechtliche System Rhodesiens bedarf der Veränderung.

Zusammenfassend liegt das Problem dieser beiden Ministerien für Verteidigung und Sicherheit und Ordnung in der gänzlichen Veränderung von einem repressiven reaktionären System in eine revolutionäre Armee zur Verteidigung des Volkes und einer demokratischen Justizstruktur.

III.

In Anbetracht dieser politischen Entwicklung in Zimbabwe ist es für uns Zimbabwer angesichts der großen Gefahren in den verzweifelten Plänen der Imperialisten unumgänglich, schnell auf diese Herausforderung zu reagieren und eine wirksame nationale Front zu bilden, die die einzige korrekte revolutionäre Möglichkeit für uns ist, mit der wir eine nationale Katastrophe verhindern können. Solch eine Nationale Front wird auf der umfassenden Strategie des bewaffneten Kampfes gegen die imperialistischen Siedler-Kräfte in Zimbabwe basieren. Dies ist ein nationaler Ruf zu den Waffen. Alle Zimbabwer ungeachtet ihrer Rasse, Religion oder anderer Zugehörigkeiten oder Rücksichten müssen der Nationalen Armee bis zum endgültigen Sieg folgen.

Zimbabwer, laßt uns aus den siegreichen Erfahrungen anderer revolutionäre Kraft schöpfen. Das heroische Volk von Vietnam war unter vergleichbaren Umständen in der Lage, der Herausforderung zu begegnen. Sie ordneten alle anderen unwichtigeren nationalen Widersprüche der großen nationalen Frage des amerikanischen Imperialismus unter, der sich mit der massiven amerikanischen Besatzungstruppe durchzusetzen versuchte. Sie gingen siegreich daraus hervor und erniedrigten die mächtige amerikanische Kriegsmaschinerie.

Wir sind bedroht von der Gefahr einer anglo-amerikanischen Besatzungstruppe. Mit der Vereinigten Front, die voll hinter unseren kämpfenden Kräften steht, mit der vollen Unterstützung der Massen von Zimbabwe und der fortdauernden materiellen und diplomatischen Unterstützung der Frontstaaten, der OAU und der fortschrittlichen Völkergemeinschaft sind wir des Sieges sicher. Solange wir vereint bleiben, werden die Kräfte des Imperialismus sicher geschlagen werden.

Ihr Ziel ist es, uns zu spalten, damit man uns zerstören kann. Als die zentralen Punkte des Zusammenschlusses in einer Nationalen Einheitsfront Zimbabwes gegen die Imperialisten schlagen wir das folgende Zehn-Punkte-Programm vor:

1. Wir respektieren die UNO-Charta und akzeptieren die darin enthaltenen Bestimmungen über die Rechte aller Völker auf nationale Unabhängigkeit.
2. Wir verpflichten uns auf die edlen Ziele der Organisation für Afrikanische Einheit, ganz Afrika in Freiheit und Unabhängigkeit zu vereinen.
3. Wir anerkennen alle Resolutionen der OAU und die besonderen Beschlüsse der Vereinten Nationen über Rhodesien, wonach das rebellische Rhodesien-Regime illegal sei und deswegen verbindliche Wirtschaftssanktionen durch die fortschrittliche Völkergemeinschaft verdiene.
4. Sturz des britischen Kolonialismus und seines illegalen Marionetten-Regimes von Siedlern.
5. Sofortige gleichmäßige Neuverteilung des Landes.
6. Durchsetzung demokratischer Freiheiten: Freiheit der Organisation und Aktion für alle politischen Parteien, Freiheit der Presse und Veröffentlichungsfreiheit, Freiheit der Religionsausübung etc.
7. Freilassung aller politischen Gefangenen, Abschaffung der Internierungslager und aller anderen Formen von Konzentrationslagern.
8. Aufhebung von Notstand und Zwangsrekrutierungen und Verbot aller Verstärkungen der Truppen des Smith-Regimes und seiner imperialistischen Herren sowie die Widerrufung des Befehls zur Militarisierung der Frauen, der öffentlichen Bediensteten, Studenten und Jugendlichen und das Verbot der Zusammenpferchung der Bevölkerung und der zwangsweisen Entfernung von Menschen aus ihren rechtmäßigen Häusern und von ihrem Besitz.
9. Errichtung einer Regierung der nationalen Einheit in Zimbabwe.
10. Eine Außenpolitik des Friedens, der Neutralität und Blockfreiheit.

Zimbabwer, stehen wir auf und vereinen wir uns!

Laßt uns die Reihen schließen und vorwärts marschieren im Kampf unter der Flagge der Einheitsfront, um die gänzliche Unabhängigkeit für Zimbabwe zu sichern. Laßt uns den britischen Imperialismus stürzen und ein für allemal die *Rhodesian Front Party* zerstören. Wir müssen eine demokratische Regierung für alle Zimbabwer errichten und Frieden, Glück und menschliche Freiheiten für alle sicherstellen.

Wir appellieren an die Frontstaaten und ihre revolutionäre Haltung sowie fortdauernde diplomatische Unterstützung, an die OAU für ihre fortdauernde direkte Unterstützung zur Förderung der Sache der menschlichen Freiheit und des Friedens in Zimbabwe, an die breiten Massen Afrikas, die sich voll mit der gerechten Sache des Volkes von Zimbabwe identifizieren, und schließlich appellieren wir an die fortschrittliche Völkergemeinschaft, unsere ideologische Einheit

und unsere Verpflichtung zu stärken als Unterstützung für den gerechten Kampf des Volkes von Zimbabwe.
Lang lebe die afrikanische Einheit!
Nieder mit dem Imperialismus!
Pambere ne Chimurenga!
Der bewaffnete Kampf geht weiter!

10. Patriotische Front

Struktur der vorgeschlagenen Übergangsregierung von Südrhodesien

Teil 1. Der Residierende Kommissar

Während der Periode der Übergangsregierung wird das Vereinigte Königreich, welches als Kolonialmacht die volle Verantwortung für die Dekolonialisierung Südrhodesiens hat, durch einen Residierenden Kommissar (RK) vertreten. Seine Funktionen werden speziell den besonderen Umständen der Übergangsregierung angepaßt sein.

A. Ernennung

1. Die formelle Ernennung des RK erfolgt durch die Regierung des Vereinigten Königreichs.
2. In Wirklichkeit wird der RK noch vor Beendigung der Genfer Konferenz auf Vorschlag des künftigen Ministerrats ernannt werden.
3. Sollte es notwendig werden, einen Nachfolger des RK zu ernennen, dann soll dies mit der Zustimmung von 17 Mitgliedern des Ministerrats, welcher aus 25 Ministern bestehen wird, erfolgen.
4. Gehalt und sonstige Versorgung des RK werden gemäß den Vorschriften der Ratsordnung des Vereinigten Königreichs durch das britische Finanzministerium ausbezahlt.
5. Zusätzlich zum Residierenden Kommissar soll es einen stellvertretenden RK geben (SRK), der formell von der Regierung des Vereinigten Königreiches ernannt werden wird. Wie in dem Fall des RK sollte solche Ernennung schon im voraus die Zustimmung auf dieser Genfer Konferenz erhalten. Wenn das Amt des RK vakant wird oder wenn der RK nicht im Lande anwesend ist oder wenn er aus anderem Grunde nicht in der Lage ist, seine Funktionen wahrzunehmen, dann soll der SRK während solcher Vakanz oder Periode die Amtsfunktionen des RK übernehmen.
6. Um Vorsorge zu treffen für die Möglichkeit, daß Vakanzen in beiden Ämtern oder Schwierigkeiten in der Ernennung von Nachfolgern zu beiden Ämtern entstehen, sollte diese Genfer Konferenz eine Reserveliste der gebilligten Kandidaten — in der Reihenfolge ihrer Bevorzugung — für das Amt des RK und des SRK aufstellen.

7. Der RK und der SRK werden durch Bestallungsurkunden ernannt. Diese Bestallungsurkunden müssen den RK und den SRK fest darauf verpflichten zu gewährleisten, daß die Genfer Übereinkunft vollständig und korrekt erfüllt wird, daß die Unabhängigkeit in der geplanten Weise und Frist erreicht wird und daß in der Übergangsperiode eine gute und ordnungsgemäße Regierung besteht. In allen Fällen, in denen sie nach eigenem Ermessen zu handeln haben, muß dieses Handeln sich an der obigen Verpflichtung ausrichten. Dies trifft z. B. in einem Fall zu, in dem der RK die Machtbefugnis hat, der Entlassung eines Ministers zuzustimmen oder nicht, oder in dem Fall, wo er seine Macht zur Überwindung einer Pattsituation einsetzen kann (wo die öffentliche Ordnung oder das Funktionieren der Regierung solche Machtausübung erfordern wie z. B. in B 7 unten).

8. Der RK und der SRK werden in ihrer Amtsausübung der Regierung des Vereinigten Königreiches verantwortlich sein. Der Ministerrat (Council of Ministers) kann zu jeder Zeit mit einer Resolution, die von nicht weniger als 17 Stimmen befürwortet wird, die Entfernung des RK oder des SRK verlangen.

B. Funktionen

1. Die formale *exekutive Gewalt* von Südrhodesien wird bei dem Residierenden Kommissar (RK) liegen.

2. Der RK wird einen Ministerrat ernennen, der aus dem Premierminister und anderen Mitgliedern des Ministerrats besteht.

3. Der RK wird gemäß den mit einfacher Mehrheit des Ministerrats gefaßten Beschlüssen seine Amtsfunktionen wahrnehmen, außer in den Fällen, die anderswo im einzelnen benannt werden. In einigen Fällen, wenn ein besonderes Gesetz dieses verlangt, kann er auf den Rat des zuständigen Ministers hin handeln.

4. Der RK und der Ministerrat werden *die legislative Gewalt* für Südrhodesien darstellen.

5. Zur Ernennung des Premierministers und anderer Minister durch den RK siehe Teil II, A und B.

6. Zur Beschlußfähigkeit für ein Treffen des Ministerrats siehe Teil II F.

7. Gewöhnlich handelt der Residierende Kommissar (RK) auf den Rat des Premierministers hin. Im Fall der vorbehaltenen Vollmachten sind gleichwohl die folgenden Einschränkungen anzuwenden:

   a) Der RK soll den Rat des Premierministers akzeptieren, es sei denn, daß dieser in dieser Angelegenheit nicht die Mehrheit des Ministerrats hinter sich hat.

   b) Der RK soll einen Minister entlassen —

   1) auf den Rat des Premierministers hin, welcher von einer Resolution des Ministerrats unterstützt wird, die von 13 Ministern mit der Begründung gefordert wird, daß der Betroffene die Politik des Ministerrats nicht implementiert oder sich fehlverhalten hat; sowie unter der Voraussetzung, daß sich der RK von der Notwendigkeit der Entlassung überzeugt hat oder

2) aufgrund einer von 17 Ministern gefaßten Resolution, die eine solche Entlassung fordert.
c) Der RK soll den Premierminister nicht entlassen, es sei denn, daß er eine von 21 Ministern verfaßte Resolution erhält, die die Entlassung fordern, und vorausgesetzt, daß sich der RK von der Notwendigkeit einer solchen Entlassung überzeugt hat; nur dann soll er den Premierminister entlassen.
d) Unter keinen Umständen kann der RK den gesamten Ministerrat entlassen, d. h. die Übergangsregierung suspendieren.
e) Kein Gericht soll untersuchen, ob der RK auf Beratung hin handelte oder nicht, auf wessen Rat hin er handelte oder über die Art des Rates oder ob er irgendwelche konstitutionellen Abkommen beachtete oder nicht.
f) Das Vorrecht der Begnadigung soll ausgeübt werden auf den Rat des Ministerrats hin.
g) Keine königlichen Anordnungen sollen an den RK gegeben werden, und die Kabinettsordnung soll dies so festsetzen.
h) Wenn ein vom Ministerrat verabschiedetes Gesetz dem RK zur Billigung vorgelegt wird, soll er ohne Verzögerung seine Zustimmung zum Gesetz zu verstehen geben. Unter keinen Umständen darf er die Zustimmung verweigern.
i) Weder in der Geschäftsordnung des Kabinetts noch eines anderen bedeutenden Organs wird eine Bestimmung vorgesehen sein, die eine Verzögerung des Erlasses und des Inkrafttretens von Gesetzen vorsieht. Es wird ausdrücklich festgelegt sein, daß der Residierende Kommissar (RK) keine Vollmacht zur Verzögerung von Gesetzen hat.
j) Die Vollmacht der Nichtanerkennung soll, soweit sie Südrhodesien betrifft, abgeschafft werden.
k) Befindet sich der Ministerrat in einer Patt-Situation, mag es von größter Bedeutung sein, daß ein besonderer Antrag in Kraft tritt, wenn eine bestimmte Aktion im Interesse der öffentlichen Ordnung und guter Regierung notwendig ist. Falls ein solcher Antrag nicht die hier vorgesehene Mehrheit findet, sollte dem RK die Vollmacht gegeben werden, dem Antrag stattzugeben, falls dies seiner Meinung nach notwendig erscheint. Wir schlagen vor, daß für das Inkrafttreten von Gesetzen das in Übergangsvereinbarungen oder in selbstverwalteten Kolonien, die kurz vor der Unabhängigkeit stehen, angewandte Verfahren benutzt wird.
Die Gebiete, in denen dieses Verfahren zur Anwendung kommen würde, sind: Die Erklärung einer Notstandssituation und Aktionen der Exekutive, um Gefährdungen der öffentlichen Sicherheit zu begegnen. Die für diese Situationen vorgesehene Wahlordnung ist in Teil II, F 3 d bestimmt worden.

Teil 2. Der Ministerrat

A. Zusammensetzung

Der Ministerrat setzt sich einschließlich des Premierministers aus 25 Mitgliedern zusammen.

B. *Ernennung*

1. Der Premierminister soll vom Residierenden Kommissar im Einklang mit den Bestimmungen der Genfer Übereinkunft ernannt werden.
2. Die anderen Minister sollen in Einklang mit einer Formel der Genfer Übereinkunft bestimmt werden, die unter anderem vorsehen soll, daß mindestens $^4/_5$ der Mitglieder des Ministerrats — einschließlich des Premierministers — aus der Befreiungsbewegung kommen sollen.

C. *Entlassung*

Siehe oben Teil I, B 7 b, c und d.

D. *Ersetzung*

Ein Ersatzminister, einschließlich des Premierministers, sollte dieselben Interessen vertreten wie sein Vorgänger.

E. *Funktionen*

1. Allgemein
   a) Den RK in der Ausübung seiner exekutiven Gewalt zu beraten;
   b) gemeinsam mit dem RK als oberste exekutive Gewalt zu handeln und Gesetze für die Aufrechterhaltung von Frieden, Ordnung und guter Regierung von Südrhodesien zu verabschieden.
2. Spezifisch
   a) Die Einrichtung eines Verfassungs-Komitees und die Aufsicht über die Erstellung einer neuen Verfassung auf der Grundlage des allgemeinen Wahlrechts, wenn dies in Genf noch nicht geleistet worden ist;
   b) die Vorbereitung und das Abhalten von Wahlen auf der Grundlage der Unabhängigkeitsverfassung.

F. *Geschäftsordnung*

1. Beschlußfähigkeit
Die beschlußfähige Mitgliederzahl für alle Konferenzen des Ministerrats soll dreizehn betragen.
2. Der Vorsitzende
Vorsitzender der Konferenzen des Ministerrats soll der Premierminister sein oder — in seiner Abwesenheit — ein Minister, der vom Premierminister zum stellvertretenden Vorsitzenden ernannt worden ist. Bei Abwesenheit des Premierministers sowie des ernannten Stellvertreters sollen die anwesenden Minister einen aus ihren Reihen zum Vorsitzenden für dieses Treffen wählen.
3. Wahl
   a) Wo dies nicht anderweitig besonders vorgesehen ist, sollen Entscheidungen und Wahlen durch die einfache Mehrheit der Anwesenden gefällt werden, vorausgesetzt, daß es nicht weniger als neun Ja-Stimmen gibt.

b) Vorbehaltlich der Bestimmungen unter c) machen Gesetzgebung und die Verabschiedung der Unabhängigkeitsverfassung dreizehn Ja-Stimmen erforderlich.
c) Die Ergänzung der Übergangsverfassung oder eine Resolution, die die Entfernung des Residierenden Kommissars bzw. des Stellvertretenden Residierenden Kommissars empfiehlt, erfordert siebzehn Ja-Stimmen.
Anmerkung: Die Vollmacht zu Verfassungsänderungen wird sehr beschränkt sein. Wir schlagen vor, daß die folgenden Abschnitte unabänderlich sind:
Residierender Kommissar
Ministerrat
Gerichtswesen
Öffentlicher Dienst
Verfassungs-Komitee
Die Wahl- und Wahlrechts-Kommission
Das Verfahren zur Verfassungsänderung.
d) Die Erklärung des Notstands und Aktionen der Exekutive, die der Bedrohung der öffentlichen Sicherheit begegnen sollen, machen siebzehn Ja-Stimmen erforderlich, vorausgesetzt, daß ein Antrag, welcher nicht weniger als dreizehn Ja-Stimmen erhalten hat, durch den RK in Kraft treten kann aufgrund seiner unter Paragraph B 7k oben genannten Vollmachten.

4. Der Ministerrat soll seine Verfahrensweise selbst bestimmen.

5. Alle delegierte Gezetzgebung soll dem Ministerrat innerhalb von drei Tagen nach seiner Publizierung vorgelegt werden und soll in voller Kraft und Wirkung bleiben, außer wenn der Ministerrat sie innerhalb von 14 Tagen annulliert.

Genf, 2. November 1976

11. Afrikanischer Nationalrat Zimbabwe

Präsident: Bischof A. T. Muzorewa
Vorschläge für die Struktur einer Übergangsregierung von Zimbabwe

1. Regierung

Es soll einen von Ihrer Majestät, der Königin, auf Rat des Premierministers ernannten Gouverneur geben.

2. Premierminister

Es soll eine Wahl geben auf der Grundlage des allgemeinen Wahlrechts, um den Premierminister zu bestimmen.
Bestimmung von Personen zur Übernahme von Ämtern:
   a) Es soll eine Wahl geben auf der Grundlage des allgemeinen Wahlrechts, um den Premierminister zu wählen.

b) Die Anzahl der ihre Parteien vertretenden Minister soll direkt proportional zur Anzahl der Wählerstimmen sein, die für jede Partei abgegeben werden.
c) Die Verteilung der Ministerien soll in der alleinigen Verfügungsfreiheit des Premierministers liegen.
d) Keine Partei, die weniger als ..% der abgegebenen Stimmen erhält, soll das Recht zur Vertretung im Ministerrat haben (der aktuelle Prozentsatz ist noch zu bestimmen).

3. Der Exekutivrat

A. Zusammensetzung

1. Es soll einen Exekutivrat geben, der aus dem Premierminister und 34 Mitgliedern besteht.
2. Die Mitglieder sollen von Personen nominiert werden, die für das Amt des Premierministers kandidiert haben werden und nicht weniger als ..% der insgesamt abgegebenen Stimmen in der Premierministerwahl auf sich gezogen haben (Der aktuelle Prozentsatz ist noch zu bestimmen).
3. Jede nominierende Person soll auch eine — der für sie abgegebenen Stimmenzahl proportionale — Anzahl von Ministern bestimmen.

B. Funktionen

1. Der Exekutiv-Rat soll während der Übergangsperiode die exekutive Gewalt ausüben.
2. Der Rat soll das Land verwalten und die verschiedenen Organe der Regierung modifizieren, wo er dies für notwendig erachtet.
3. Der Rat soll eine Kommission ernennen, die die Unabhängigkeitsverfassung des Landes entwirft.
4. Der Rat soll die Übergangsprozesse überwachen.
5. Der Rat soll die vor der Unabhängigkeit stattfindenden Wahlen überwachen.
6. Der Rat soll jede andere Aufgabe zum Wohl der guten Regierung des Landes wahrnehmen.

Abstimmung
Entscheidungen des Rates sollen durch einfache Mehrheit getroffen werden.

4. Die Legislative

a) Die Legislative soll sich aus denselben Personen zusammensetzen, die auch Mitglieder des Exekutivrates sind.
b) Der Gesetzgebende Rat soll die Vollmacht haben, neue Gesetze zu machen und bestehende Gesetze aufzuheben oder zu ergänzen.

Abstimmung
Entscheidungen der Legislative sollen durch einfache Mehrheit gefällt werden.

5. Wahlverfahren

1. Die Wahl, abzuhalten in der Form des Referendums, könnte in einem Zeitraum von nicht mehr als 14 Tagen abgehalten werden.
2. Eine Wählerliste ist nicht notwendig. Es gibt andere Methoden der Identifizierung (von Wahlberechtigten), die sofort zur Verfügung stehen.
3. Wahlberechtigt sollen sein:
   a) Europäer, Asiaten, Mischlinge und Afrikaner, die bereits im Wählerverzeichnis aufgeführt sind.
   b) alle erwachsenen Männer über 18 Jahren, die einen Eingeborenen-Ausweis oder andere Arten von Ausweisen haben.
   c) Gesetzestreue eingeborene erwachsene Frauen, die folgende Papiere haben:
      i) Personalausweise
      ii) Heiratsurkunde
      iii) Beschäftigungszeugnisse
      iv) Zeugnisse über Ausbildung oder Beruf oder jeden anderen geschriebenen Ausweis
      v) Identitätsbescheinigungen vom Dorfältesten (,headman') oder Ehemann oder anderen Amtspersonen

Sicherungen gegen Doppelwahl

Jeder Wähler soll seinen Daumen in nicht-abwaschbare Tinte tauchen und alle Arten von Ausweisen sollen nach Vorzeigen mit einem geeigneten Stempel versehen werden.

Verwaltung der Wahl

Das ganze Land soll als ein einziger Wahlkreis angesehen werden. Die Wahl soll in der Form eines Referendums abgehalten werden. Ganz Rhodesien ist in ,District Commissioner'-Gebiete aufgeteilt. Viele Stammesgebiete (,Tribal Trust Lands') haben Distrikt-Räte. In jedem Distrikt sollen Wahllokale in Schulen, Kirchen, an Viehtränken oder anderen geeigneten Örtlichkeiten eingerichtet werden. Es gibt daher bereits eine etablierte administrative Struktur für die Abhaltung von Wahlen, die auch sofort in Bewegung gesetzt werden kann.

Ablauf der Wahl

Der Ablauf der und die Aufsicht über die Wahl gehören zur Verantwortung dieser Konferenz. Es wird vorgeschlagen, daß der Vorsitzende dieser Konferenz, Mr. Ivor Richard, Q.C., der Vorsitzende der Wahlkommission sein soll; des weiteren wird vorgeschlagen, daß sich diese Konferenz für die Zeit der Wahlen vertagt und daß die Konferenz in Genf wieder zusammentritt, um die Übergangsregierung zu installieren.

Beteiligung der Guerilleros an der Wahl

Ungeachtet der Tatsache, daß es keine Einstellung der bewaffneten Auseinandersetzungen bis zur Einsetzung einer Übergangsregierung in Zimbabwe geben soll, sollen die Guerilleros an der Wahl des Premierministers teilhaben. Die Wahl soll unter der Aufsicht des Befreiungskomitees der Organisation für Afrikanische Einheit in Zusammenarbeit mit den Frontstaaten abgehalten werden.

6. Statistiken

Am 30. Juni 1976 gab es 6 220 000 Afrikaner. Ungefähr 3 000 000 waren älter als 18 Jahre. Diese können das Wahlrecht ausüben auf der Grundlage des allgemeinen Wahlrechts (one man – one vote).

Es gab 277 000 Europäer, 10 100 Asiaten und 21 400 Mischlinge.

Von den 3 000 000 erwachsenen Afrikanern leben ungefähr 1 009 000 in den städtischen Gebieten und 2 100 000 leben in den Stammesgebieten.

Die 10 %-Klausel

Sowohl aus politischen Gründen als auch wegen fairer Überlegungen könnte diese Klausel zum Zwecke der Wahl des Premierministers wahrscheinlich reduziert werden. Es soll nicht der Eindruck erweckt werden, daß irgendeine Gruppe oder Partei ausgeschlossen worden sei aus politischer Taktik, auch wenn dies nie beabsichtigt war. Die Prozentklausel ist Verhandlungsgegenstand.

Abkürzungen

ZAPU	Zimbabwe African People's Union geführt von Joshua Nkomo
ZANU	Zimbabwe African National Union von 1963–1975 geführt von Pfarrer Ndabaningi Sithole seit 1975 geführt von Robert Mugabe
ZIPRA	Zimbabwe People's Revolutionary Army Der bewaffnete Flügel der ZAPU
ZANLA	Zimbabwe African National Liberation Army Der bewaffnete Flügel der ZANU
ZIPA	Zimbabwe People's Army Die Vereinigung von ZANLA und ZIPRA Sie ist auch offen für Menschen, die vom ANC für den Befreiungskampf rekrutiert wurden

Patriotische Front: Die Allianz von ZAPU und ZANU

ANC	African National Council geführt von Bischof Abel Muzorewa, Chikerema und Nyondoro
FROLIZI	Front of the Liberation of Zimbabwe, geführt von Chikerema, heute mit dem ANC verschmolzen

Die vier afrikanischen Delegationen bei der Genfer Konferenz:

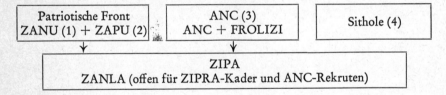

Aus der Reihe „texte" zum Kirchlichen Entwicklungsdienst sind bei DÜ-Publizistik, Mittelweg 143, 2000 Hamburg 13, noch lieferbar:

texte 5 Afrikanischer Sozialismus
Aus Reden und Schriften von Julius K. Nyerere

texte 6 Papua-Neuguinea — Erbe im Pazifik
Beiträge von Johanna Eggert, Götz E. Hünemörder, Michael Somare u. a.

Einzelpreis DM 3,50 (ab 10 Expl. DM 3,—, ab 50 Expl. DM 2,50)

texte 10 Freiheit und Sozialismus
Aus neuen Reden und Schriften von Julius K. Nyerere

Einzelpreis DM 4,50 (ab 10 Expl. DM 3,80, ab 50 Expl. DM 3,50)

Bisher erschienen im Verlag Otto Lembeck:

Richard D. N. Dickinson

Entwicklung in ökumenischer Sicht
Christliche Verantwortung für Entwicklung und Befreiung
texte 12 zum Kirchlichen Entwicklungsdienst, 139 Seiten 1975   DM 6,50

Eine ausgezeichnete Übersicht über das, was den kirchlichen Entwicklungsdienst von anderen Entwicklungsdiensten unterscheidet. Die entwicklungspolitische Konzeption des Ökumenischen Rates der Kirchen mit Stellungnahmen aus der Dritten Welt.

Julius K. Nyerere

Bildung und Befreiung
texte 14 zum Kirchlichen Entwicklungsdienst
139 Seiten 1977   Einzelpreis DM 6,50 (Mengenpreise)

Der tanzanische Präsident gehört zu den profilierten Wortführern der Dritten Welt. Das Bändchen enthält die wichtigsten neueren programmatischen Äußerungen dieses Politikers. Die Beiträge widmen sich vor allem der wirtschaftlichen Entwicklung und der Erziehung zur Eigenständigkeit der Bewohner.

Verlag Otto Lembeck
Leerbachstraße 42   6000 Frankfurt am Main 1

Zum Rassismus im südlichen Afrika:

Reinhard Brückner
Südafrikas schwarze Zukunft
Die Jugendunruhen seit 1976 — ihre Ursachen und Folgen
ca. 140 Seiten, 8 Bildseiten 1977 DM 9,80
Schwarze, Farbige und Inder zielen in gemeinsamem Selbstbewußtsein auf eine Veränderung in Südafrika. Ausdruck dieses von der Jugend vertretenen Anspruchs ist der Angriff auf das Bildungssystem. Es geht um eine menschliche und gerechtere Zukunft in diesem Land.

Markus Braun
Das schwarze Johannesburg. Afrikaner im Getto
297 Seiten, 8 Bildseiten, 4 Karten 1973 DM 18,—
Eine Untersuchung der Lebensbedingungen der Schwarzen in Soweto. Vorgeschichte, Leben und Tätigkeit in diesem Getto, Selbstverwaltung und die Ursachen von Kriminalität werden vom Verfasser aufgrund eigener Erfahrungen und soziologischer Studien geschildert.

EKD und Kirchen im südlichen Afrika
Das Problem der kirchlichen Einheit im Rassen-Konflikt
epd Dokumentation Band 12, 325 Seiten 1974 DM 12,—
Die Apartheid-Politik der südafrikanischen Regierung hat die kirchliche Arbeit in Südafrika und Namibia in Schwierigkeiten gebracht. Der Band zeigt, wie hart um ein mitmenschliches Verhalten gerungen wird und wie schwer es fällt, echte partnerschaftliche Beziehungen von Kirchen und Christen zu wahren.

Anti-Rassismus-Programm der Ökumene
Dokumentation einer Auseinandersetzung
epd Dokumentation Band 5, 261 Seiten 1971 DM 9,80
Der Band enthält alle Dokumente des Ökumenischen Rates der Kirchen, des Lutherischen sowie des Reformierten Weltbundes und der deutschen Kirchensynoden, mit denen seit 1969 das „Programm zur Bekämpfung des Rassismus" formuliert und verwirklicht wurde.

Ökumene im Kampf gegen Rassismus
Ein erster Anfang
epd Dokumentation Band 14, 166 Seiten 1975 DM 8,—
Programm des Ökumenischen Rates der Kirchen zur Bekämpfung des Rassismus. Bericht über die ersten fünf Jahre von Elisabeth Adler mit einem Geleitwort von Philip Potter und einem Beitrag von Gerd-Rainer Fendler zur Diskussionslage in der Bundesrepublik Deutschland.

Verlag Otto Lembeck
Leerbachstraße 42   6000 Frankfurt am Main 1